Süße Augenblicke

Wir danken allen, die mit viel Einsatz und Engagement zur Entstehung dieses Buches beigetragen haben:

Hartmut Kiesewetter, Kathrin Kiesewetter, Caroline Kiesewetter, Ralf Stech, Frauke und Friedel Köster, Christiane Jakobs, Kirsten Krause, Anne Jensen, Melanie Engeborg, Dieter und Sigrid Schmitz, Alfred Jordy, Anna Jordy, Evelyn Kruse, Hans-Peter Kruse, Gerda und Hermann Kruse, Marjanthi Schmidt, Ute Kölln, Manuela Fritz, Dörte Rißler-Gülck, Olaf Gülck, Frauke Rißler, Ursula Hespeling, Martina Ringel, Kurt Jürgen Carl, Ann-Christin Carl, Kyra Heinrich, Mareike Schiweck, Werner Gehrkens, Wilfried Leppkes, Angelika Balleng, Dirk Endelhardt, Dörte Wenck, Sabine Gerbinski, Jörg Mielenz, Kristian Hallenga, Svenja Nielsen, Susanne Steffens, Otto Schnepel, Dorit Dahmke, Bianka Jörend, Hildegard Gutmann.

BOYENS
BUCHVERLAG

ISBN 978-3-8042-1353-1

Autorin: Marion Kiesewetter
Redaktion: Marion Kiesewetter
Fotos: Ursula Sonnenberg, Hans Dieter Kellner
Promotion: Hartmut Kiesewetter
Herstellung: Boyens Buchverlag
Herstellungsbetreuung: Tanja Sponholz
Druck: Boyens Offset, Heide
Printed in Germany

Marion Kiesewetter

Süße Augenblicke

Verlockende Rezepte
aus norddeutschen Cafés

Fotos von Ursula Sonnenberg
und Hans Dieter Kellner

BOYENS

Lage der Cafés

Inhalt

Liebe Leserinnen, liebe Leser,

mit großer Freude legen wir Ihnen mit diesem Werk das vierte Buch aus der Café-Reihe vor.
Wie wir von Ihnen wissen, nutzen Sie die Bücher, genau wie von uns erhofft, nicht nur als reines Backbuch, sondern auch als Reiseführer zu den schönsten Cafés und Landschaften unseres wunderbaren Nordens.
Viele Tipps von Ihnen lassen uns immer wieder neue Cafés unterschiedlicher Art entdecken – und so entsteht in dieser Buchreihe eine bunte Mischung aus Angeboten, unter denen jeder seine Lieblingscafés findet, in denen man die Seele baumeln lassen kann.

Viel Spaß beim Backen nach diesem Buch und bei Ihren süßen Erkundungstouren durch Schleswig-Holstein

wünscht Ihnen

Ihre
Marion Kiesewetter

Gartencafé

Das Gartencafé von Frauke und Friedel Köster liegt in Süderdeich zwischen der Hebbelstadt Wesselburen und dem Nordseebad Büsum. Als dieses Kleinod der schleswig-holsteinischen Cafés vor drei Jahren eröffnet wurde, hatte es noch nicht viel Ähnlichkeit mit dem heutigen Erscheinungsbild. Die Bepflanzungen des Gartens sind inzwischen so weit gediehen, dass man von einem exotischen Traum sprechen kann. Die Gäste betreten eine Märchen-Welt.

Bald wurde der Garten mit seinen 40 Plätzen zu klein. Zufälligerweise konnten die beiden Gastgeber das Nachbarhaus hinzuerwerben, und schon bald konnte man beobachten, wie unter den Händen des Ingenieurs Friedel und der Dekorateurin Frauke das Gartenparadies erweitert wurde. Zu der urgemütlichen Kaffeestube kam nun eine Hightech-Küche hinzu, in der sich aber auch wirklich alles Ausgefallene bereiten lässt. Bald schon war Eröffnung, und Friedel und Frauke konnten aufatmen, dass sie nun auch bei Regenwetter und im Winterhalbjahr ihrer zunehmenden Gästeschar ein gemütliches Ambiente bieten können.

Es gibt auch eine große Scheune auf dem neu erworbenen Grundstück, die zu einem kleinen Museum wurde, denn Frauke hat eine ausgesprochene Sammelleidenschaft für alles Alte, alles Ausgefallene. Hier können sich ihre Gäste die Füße vertreten und Seltenes eingehend betrachten.

Die Räumlichkeiten in dem neuen Nachbarhaus

Je nach Jahreszeit stellt sich die Kaffeestube im Gartencafé in wechselnden Dekorationen dar. Im Frühling maritim und bunt, zu Ostern in Gelb und in der Adventszeit in Rot.

bieten sich mit ihren 30 Sitzplätzen auch für Feiern aller Art an. Hochzeiten, Jubiläen, Taufen, Konfirmationen und Trauerfeiern wurden hier schon liebevoll von Frauke und ihren Helferinnen bewirtet, wobei dann nicht nur die berühmten Riesentortenstücke serviert werden, sondern auch auf Wunsch kleine pikante Snacks.

Im lauschigen Garten lässt man die Seele baumeln.

Je nach Jahreszeit stellt sich das Süderdeicher Gartencafé in wechselnder Dekoration dar. In der Adventszeit entsteht hier unter Einbeziehung der ganzen Dorfstraße ein wahres „Winterwunderland" mit unglaublicher Beleuchtung. Zu Ostern entsteht eine Hasen- und Knospenwelt mit der vorherrschenden Farbe Gelb. Im Sommer sprießen dann wieder die bunten Blumen in voller Pracht, das Markenzeichen des Gartencafés. Zu den außerordentlichen Torten sind inzwischen viele neue Kreationen hinzugekommen wie der Gartencafé-Traum, die Limetten-Torte oder Kleine Leuchttürme.

Gartencafé aus der Vogelperspektive.

Rundfunk, TV und Presse sind häufige Gäste, denn es gibt von hier immer wieder Neues zu berichten. Von den 480 gesammelten alten Koffern hat Frauke bei einigen den Deckel vom Unterteil getrennt, und schon sind ausgefallene Serviertabletts entstanden.

Man findet das Süderdeicher Gartencafé leicht an der Westküste Holsteins: von Büsum kommend, kurz vor der Hebbelstadt Wesselburen, grüßt in dem hübschen Dorf Süderdeich die Durchfahrenden ein Puppenpaar vor dem Haus in Lebensgröße: Oma und Opa auf der Gartenbank. Hier stoppt der Kaffee- und Kuchenliebhaber gerne, um sich von der fröhlichen, gastfreundlichen Frauke Köster empfangen zu lassen und ihren Kaffee und die üppigen Kuchen zu genießen.

Kaffeetafel im Gartencafé mit Erdbeer-Kokosmousse-Torte und Nussecken.

Erdbeer-Kokosmousse-Torte

BISKUIT:

6 Eier
220 g Zucker
125 g Mehl
1½ TL Backpulver
25 g Kakaopulver

Eier und Zucker 10–15 Minuten schaumig schlagen. Mehl, Backpulver und Kakao vermischen, darübersieben und unterheben. Eine 28-cm-Springform mit Backpapier auslegen, Teig hineinfüllen und im vorgeheizten Backofen bei 160 °C ca. 45 Minuten backen. Anschließend aus dem Ofen nehmen, Ring entfernen und auskühlen lassen. Biskuitboden auf eine Tortenplatte setzen und einmal waagerecht durchschneiden. Den unteren Boden mit einem Tortenring umlegen.

FÜLLUNG:

800 ml Schlagsahne
10 EL Vanillezucker
4 Pck. Sahnesteif
2 Pck. Kokosmousse
500 g Erdbeeren
Kuvertüre

Sahne mit Vanillezucker und Sahnesteif steif schlagen. Davon 200 ml zum Einkleiden der Torte beiseite stellen. Kokosmousse unter die restlichen 600 ml Sahne heben.
Erdbeeren abbrausen und putzen. Die großen Früchte halbieren und am Rand, mit der Schnittstelle nach außen, einmal um den Tortenring herumstellen. Einige Erdbeeren für die Deko aufheben. Restliche Früchte klein schneiden und unter die Kokosmousse heben. Füllung auf dem unteren Boden verstreichen. Den zweiten Boden darauflegen und mit der restlichen Sahne locker und fluffig einstreichen. Kuvertüre schmelzen, restliche Erdbeeren eintauchen, Kuvertüre fest werden lassen und auf der Torte verteilen. Anschließend ca. 3 Stunden kühl stellen.

Nussecken

MÜRBETEIG:

250 g Mehl
70 g brauner Zucker
1 Prise Salz
125 g Margarine
1 Ei
Fett für das Blech

Zutaten miteinander verkneten, zu einer Kugel formen, in Klarsichtfolie wickeln und ca. ½ Stunde im Kühlschrank ruhen lassen. Anschließend auf einem gefetteten Backblech ausrollen.

BELAG:

½ Glas Aprikosenmarmelade
125 g Margarine
100 g brauner Zucker
3 EL Wasser
300 g gehackte Haselnüsse
150 g Kuvertüre

Teig mit der Aprikosenmarmelade bestreichen. Margarine, Zucker und Wasser aufkochen lassen und die Haselnüsse dazugeben. Nussmasse auf der Marmelade verteilen. Im vorgeheizten Backofen bei 200 °C ca. 15–20 Minuten backen. Nussteig noch warm in Rauten schneiden, danach abkühlen lassen und vom Blech heben. Ecken in geschmolzene Kuvertüre tauchen und fest werden lassen.

Kleine Leuchttürme

Benötigt werden: 1 Backblech 30 x 40 cm,
8 Backringe (7 cm Durchmesser)

ZUTATEN FÜR 4 TÜRME

BISKUIT:

6 Eier
125 g Zucker
100 g Mehl
100 g Speisestärke
2 TL Backpulver
Fett für das Blech

Eier und Zucker ca. 10 Minuten schaumig schlagen. Mehl, Speisestärke und Backpulver vermischen, darübersieben und unterheben. Teig auf ein gefettetes Backblech streichen oder in eine 28-cm-Springform füllen und 2 Böden backen. Im Backofen bei 160 °C ca. 30–40 Minuten backen. Anschließend gut auskühlen lassen. Boden am besten einen Tag vorher backen.
Backringe leicht einfetten, damit 8 kleine Biskuitböden ausstechen und beiseite stellen.

FÜLLUNG:

100 g Frischkäse
2 Pck. Vanillezucker
125 ml Eierlikör
½ Pck. Sofort-Gelatine
400 ml Schlagsahne
2 Pck. Sahnesteif

750 g TK-Himbeeren
1 Pck. Sofort-Gelatine
etwas Kuvertüre
1 EL Pistazien, gehackt

Frischkäse, Vanillezucker, Eierlikör und Gelatine miteinander verrühren. Sahne mit Sahnesteif steif schlagen und unterheben. Einige Löffel Creme beiseite stellen.
Himbeeren, bis auf vier Stück, antauen, pürieren, Gelatine unterrühren und fest werden lassen.
4 kleine Backringe auf einen Tortenteller stellen und im Wechsel Biskuitboden, Creme und Himbeeren aufeinanderschichten. Den zweiten Backring daraufstellen und das Ganze wiederholen. Türmchen für 2 Stunden kalt stellen. Danach Backringe vorsichtig entfernen und die restliche Creme darauf verteilen. Kuvertüre im Wasserbad schmelzen, mit einer Einwegspritze aufziehen, die gefrorenen Himbeeren damit füllen und als Garnitur in die Mitte der Creme setzen. Pistazien darüberstreuen.

Captain's Corner

KIRSCH-EIERLIKÖR-SAHNE

BIENENSTICHBODEN:

6 Eier
220 g Zucker
150 g Mehl
1½ TL Backpulver
100 g gehobelte Mandeln
30 g Zucker

Eier und Zucker 10–15 Minuten schaumig schlagen. Mehl und Backpulver vermischen, darübersieben und unterheben. Eine 30-cm-Springform mit Backpapier auslegen. Teig hineinfüllen. Mandeln und Zucker darüberstreuen. Im vorgeheizten Backofen bei 160 °C ca. 45 Minuten backen. Ring entfernen und auskühlen lassen. Biskuitboden auf eine Tortenplatte setzen und einmal waagerecht durchschneiden. Den unteren Boden mit einem Tortenring umlegen.

FÜLLUNG:

2 Gläser Sauerkirschen
(à 370 g Abtropfgewicht)
80 g Zucker
3 Pck. Vanille-Puddingpulver
400 ml Schlagsahne
4 Pck. Sahnesteif
4 EL Vanillezucker
2 Pck. Vanille-Puddingpulver (ohne Kochen)
200–250 ml Eierlikör

Sauerkirschen abgießen, den Saft in einem Topf auffangen und mit dem Zucker aufkochen lassen. Vanillepudding in etwas Wasser auflösen, in den kochenden Kirschsaft rühren und nochmals kurz aufkochen. Wenn der Saft anfängt anzudicken, Topf vom Herd nehmen und die Kirschen unterheben. Masse anschließend auf dem unteren Tortenboden verteilen. Am besten über Nacht auskühlen lassen.
Sahne mit Sahnesteif und Vanillezucker steif schlagen. Anschließend mit Vanillepuddingpulver (ohne Kochen) und dem Eierlikör verrühren. Sahne auf den erkalteten Kirschen verteilen und mit dem zweiten Boden belegen.

Limetten-Torte

BISKUIT:

6 Eier
120 g Zucker
100 g Mehl
100 g Speisestärke
1½ TL Backpulver

Eier und Zucker 10–15 Minuten schaumig schlagen. Mehl, Speisestärke und Backpulver vermischen, darübersieben und unterheben. Eine 30-cm-Springform mit Backpapier auslegen. Teig hineinfüllen und im vorgeheizten Backofen bei 160 °C ca. 30–35 Minuten backen. Anschließend aus dem Ofen nehmen, Ring entfernen und auskühlen lassen. Biskuitboden auf eine Tortenplatte setzen und einmal waagerecht durchschneiden. Den unteren Boden mit einem Tortenring umlegen.

VORBEREITUNG:

6 gr. Limetten (unbehandelt)
100–120 g Zucker

Limetten waschen, abtrocknen. Schale mit einer Reibe abreiben und mit dem Zucker vermischen. Zugedeckt beiseite stellen. Limetten anschließend auspressen.

FÜLLUNG:

600 ml Schlagsahne
3 Pck. Sahnesteif
500 g Naturjoghurt
3 EL Vanillezucker
Saft der Limetten
2 Beutel Sofort-Gelatine

Sahne und Sahnesteif steif schlagen. Joghurt, Vanillezucker, Limettensaft und Gelatine miteinander verrühren. ⅔ der Sahne unterheben. Füllung auf dem unteren Boden verstreichen. Den zweiten Boden darauflegen, restliche Sahne darauf verteilen und glattstreichen. Anschließend 3 Stunden in die Kühlung stellen. Tortenring entfernen. Kurz vor dem Servieren mit Limetten-Zucker bestreuen. Wer Lust hat, kann den Rand mit Limettenscheiben dekorieren.

Gartencaféträum

SCHOKOLADE-ORANGENMUS-TORTE

SCHOKO-BISKUIT:

6 Eier
220 g Zucker
125 g Mehl
1½ TL Backpulver
25 g Kakaopulver

Eier und Zucker 10–15 Minuten schaumig schlagen. Mehl und Backpulver vermischen, darübersieben und mit dem Kakao unterrühren. Eine 30-cm-Springform mit Backpapier auslegen. Teig hineinfüllen und im vorgeheizten Backofen bei 160 °C ca. 45 Minuten backen. Anschließend aus dem Ofen nehmen, Ring entfernen und auskühlen lassen.

FÜLLUNG:

3 Dosen Mandarinen (à 175 g Abtropfgewicht)
600 ml Schlagsahne
3 Pck. Sahnesteif
250 g Mascarpone
1 Pck. Sofort-Gelatine (30 g)
2 Pck. Erfrischungsgetränk, Orange
5 EL Vanillezucker
3 Pck. Orangenzucker (à 10 g)
1 Pck. ger. Orangenschale

Mandarinen gut abtropfen lassen, danach pürieren. Sahne mit Sahnesteif steif schlagen. Mandarinen, Mascarpone, Sofort-Gelatine, Erfrischungsgetränk, Vanillezucker, Orangenzucker und Orangenschale miteinander verrühren. Masse etwas fest werden lassen, danach die Sahne unterheben.

Biskuitboden auf eine Tortenplatte setzen und zweimal waagerecht durchschneiden. Den unteren Boden mit einem Tortenring umlegen und mit etwas Füllung bestreichen. Den zweiten Boden darauflegen, ebenfalls mit der Füllung bestreichen. Mit dem dritten Boden abdecken und mit der restlichen Füllung bestreichen.

GUSS:

150 g Zartbitter-Schokolade
50 g Vollmilch-Schokolade
150 ml Schlagsahne

Schokolade in der Sahne im heißen Wasser schmelzen und zu einer cremigen Masse verrühren. Tortenring entfernen. Schokoglasur vorsichtig über die Orangentorte gießen, so dass sie an mehreren Stellen bis auf den Boden läuft. Mit Schokoladenspänen und Orangenzesten verzieren.

Winterliche Friesentorte

Pflaume-Zimt-Sahne

Bienenstichboden:

6 Eier
220 g Zucker
150 g Mehl
1½ TL Backpulver
100 g gehobelte Mandeln
30 g Zucker

Eier und Zucker 10–15 Minuten schaumig schlagen. Mehl und Backpulver vermischen, darübersieben und unterheben. Eine 30-cm-Springform mit Backpapier auslegen. Teig hineinfüllen. Mandeln und Zucker darüberstreuen. Im vorgeheizten Backofen bei 160 °C ca. 45 Minuten backen. Ring entfernen und auskühlen lassen. Biskuitboden auf eine Tortenplatte setzen und einmal waagerecht durchschneiden. Den unteren Boden mit einem Tortenring umlegen.

Füllung:

2 Gläser Pflaumen (à 395 g Abtropfgewicht)
5 EL Zucker
3 Pck. Vanille-Puddingpulver
300 ml Schlagsahne
2 Pck. Sahnesteif
2 TL Zimt
5 EL Vanillezucker

Pflaumen abgießen, den Saft in einem Topf auffangen und mit dem Zucker aufkochen lassen. Vanillepudding in etwas Wasser auflösen, in den kochenden Saft rühren und nochmals kurz aufkochen. Wenn der Saft anfängt anzudicken, Topf vom Herd nehmen und die Pflaumen unterheben. Masse anschließend auf dem unteren Tortenboden verteilen. Am besten über Nacht auskühlen lassen.

Sahne mit Sahnesteif steif schlagen und Zimt und Vanillezucker unterheben. Zimt-Sahne auf den erkalteten Pflaumen verteilen und mit dem zweiten Boden belegen. Tortenring entfernen.

Quark-Mohn-Marzipan-Stollen

TEIG:

250 g Butter
125 g Zucker
1 Pck. Vanille-Backaroma
2 Eier
250 g Magerquark
1 Prise Salz

Butter, Zucker, Vanille-Backaroma, Eier, Quark und Salz zu einem Teig verarbeiten. Anschließend auf einer bemehlten Arbeitsfläche zu einem Rechteck ausrollen.

FÜLLUNG:

2 Pck. Mohn-Back (à 250 g)
1 Ei
1 Schuss Milch
100 g Mandelstifte
200 g Marzipan-Rohmasse

Mohn, Ei und Milch zu einem Brei verrühren. Masse auf dem ausgerollten Teig verteilen, dabei einen Rand von ca. 3 cm frei lassen. Mandeln darüberstreuen. Marzipan darüberraspeln. Die kurzen Seiten nach innen einschlagen und von der Längsseite aufrollen.

Stollen auf ein mit Backpapier ausgelegtes Backblech setzen und die Oberseite alle 5 cm diagonal einschneiden. Im vorgeheizten Backofen bei 160 °C ca. 60–65 Minuten backen. Danach auskühlen lassen.

GUSS:

100 g Butter
3 EL Puderzucker

Butter schmelzen und auf dem Stollen verteilen. Mit Puderzucker bestreuen.

Dorfcafé

Der reine Zufall führte Kirsten Krause von Tornesch/Elmshorn nach Bad St. Peter-Ording. Hier eröffnete sie ihr eigenes Café in der Dorfstraße. In Heidgraben hatte sie auf dem Rosenhof Kruse die nötigen Erfahrungen gesammelt, die sie nun im eigenen Hause umsetzen konnte. Ihre freundliche, einnehmende Art und ihre Tortenkreationen bescherten ihr schnell viele Stammgäste.

Das sind natürlich nicht nur Einheimische, sondern – wie es bei einem der meistbesuchten Heilbäder Deutschlands so ist – auch Feriengäste aus aller Welt. Immer wieder zieht es sie in die Weite des längsten Strandes an der Nordseeküste, in den frischen, salzgetränkten Wind, auf die langen Wander- und Spazierwege, die so einen herrlichen Appetit zaubern – Appetit zum Beispiel auf Kirsten Krauses Kuchen und Torten und ihren köstlich duftenden Kaffee. Diesen kann man draußen an Tischen und in Strandkörben mit 40 weiteren Besuchern genießen oder aber im Café, das Platz für 35 Personen bietet. Dieses wunderschöne Ambiente muss man erleben! Die Entstehungsgeschichte von Kirsten Krauses Café ist zudem besonders: Eines Nachts träumte sie ganz deutlich von einem käuflichen Grundstück an der Badallee und von einem neuen Café darauf. Der sprichwörtliche Traum wurde also hier zur Wirklichkeit, als sie dieses Grundstück nach längerem Suchen tatsächlich entdeckte und mit dem Besitzer und ihrer Bank schnell einig wurde. „Das machen wir“, sagten beide, und nach nicht allzu langer Zeit stand dort ein wunderschönes neues Café im friesischen Stil an einem

Terrasse mit Strandkörben im nordfriesischen Stil.

Innenansicht des Cafés mit attraktivem Tortentresen.

idealen Standort. Besondere Spezialitäten sind die Friesentorte mit Pflaumenmus und anderen Varianten und natürlich die Eiderstedter Eierlikör-Torte, deren Rezept sie von den dortigen Landfrauen bekam. Überhaupt pflegt Kirsten Krause einen engen Kontakt zu ihren Stammgästen, und von diesen erhält sie immer wieder spannende Anregungen.
Letztlich sind aber alle Torten eigene Kreationen, die sie meistens nachts backt. „Ja, ich bin eine ausgesprochene Nachtbäckerin, eben eine Nachteule, die in ihrem Reich die leckersten Torten kreiert und die Badallee mit ihren Düften erfüllt.“ Tagsüber kommt noch der Kaffeeduft hinzu, und die Leute sagen, wenn sie nach dem Weg zum Dorfcafé gefragt werden: „Immer den Düften nach“. Dem ist nichts hinzuzufügen: Das Dorfcafé in Bad St. Peter-Ording, eine Klasse für sich.

Außenansicht

Kaffeetafel mit Friesentorte, Marzipan-Mohn-Torte und Himbeer-Mascarpone-Torte.

Friesentorte Pflaumenmus

Rührteig:

2 Eigelb
60 g Zucker
½ Pck. Vanillezucker
60 g Margarine
100 g Mehl
1 TL Backpulver
2 EL Wasser

Baiser:

2 Eiweiß
100 g Zucker
gehobelte Mandeln zum Verzieren

Alle Zutaten für den Teig miteinander verrühren und in eine gefettete 28-cm-Springform geben.

Eiweiß mit dem Zucker steif schlagen und vorsichtig auf den Teig streichen. Mit Mandelblättchen bestreuen. Im Backofen bei 160 °C Umluft 30 Minuten backen.
Anschließend gut auskühlen lassen. Danach den Boden halbieren.

Füllung:

1 l Schlagsahne
100 g Vanillezucker
1 Glas Pflaumenmus

Sahne mit Vanillezucker steif schlagen und die Hälfte auf dem Boden verteilen. Das Pflaumenmus auf die Sahne streichen, restliche Sahne darauf verteilen und den Baiserdeckel darauflegen.

Himbeer-Mascarpone-Torte

BISKUIT:

5 Eier
200 g Zucker
3 EL heißes Wasser
130 g Kartoffelmehl
40 g Mehl
30 g Kakaopulver
2 TL Backpulver

Eier trennen. Eiweiß mit dem Zucker steif schlagen. Heißes Wasser und Eigelb hinzufügen. Kartoffelmehl, Mehl, Kakao und Backpulver vermischen, darübersieben und unterheben. Den Teig in eine mit Backpapier ausgelegte 28-cm-Springform füllen und im Backofen bei 170 °C Ober- und Unterhitze 30 Minuten backen. Den Boden am besten schon einen Tag vorher backen. Den fertigen Biskuit auf ein Küchenhandtuch stürzen und abkühlen lassen. Danach auf eine Tortenplatte setzen und zweimal waagerecht durchschneiden. Um den unteren Boden einen Tortenring legen. Den mittleren Boden zerbröseln und beiseite stellen.

FÜLLUNG:

2 Gläser Himbeeren (à 145 g Abtropfgewicht)
250 g Mascarpone
1½ Tüten Himbeer-Getränkepulver
750 ml Schlagsahne

Himbeeren abgießen und mit der Mascarpone und dem Getränkepulver vermengen. Sahne steif schlagen und unterheben. Beide Böden mit der Füllung bestreichen und aufeinanderlegen. Die Biskuitbrösel auf der letzten Cremeschicht verteilen.

TIPP

Damit der Biskuitboden nicht zusammenfällt, nach dem Backen in der Form auf ein mit einem Küchentuch belegtes Kuchengitter stürzen und einen Tag stehenlassen. Danach aus der Form lösen und nach Belieben teilen.

Eiderstedter Eierlikör-Torte

BISKUIT:

6 Eier
100 g Zucker
2 EL Mehl
2 TL Backpulver
100 g Mandeln, gehackt
100 g Raspelschokolade

Eier trennen. Eiweiß mit dem Zucker steif schlagen. Eigelb unterheben. Mehl und Backpulver vermischen, darübersieben und unterheben. Mandeln und Raspelschokolade unterheben. Den Teig in eine mit Backpapier ausgelegte 28-cm-Springform füllen und im Backofen bei 170 °C Ober- und Unterhitze 30 Minuten backen. Danach auf ein Küchenhandtuch stürzen und abkühlen lassen. Am besten einen Tag vorher backen. Boden halbieren und auf eine Tortenplatte setzen.

FÜLLUNG:

750 ml Schlagsahne
50 g Vanillezucker
½ Glas Preiselbeeren
150 ml Eierlikör

Sahne mit dem Vanillezucker steif schlagen und die Hälfte auf den halbierten Boden geben. Preiselbeeren darauf verteilen und den zweiten Boden darauflegen. Restliche Sahne darauf verteilen und eine Mulde für den Eierlikör bilden.

Marzipan-Mohn-Torte

Biskuit:

5 Eier
200 g Zucker
3 EL heißes Wasser
160 g Kartoffelmehl
40 g Mehl
2 TL Backpulver
50 g Mohn

Eier trennen. Eiweiß mit dem Zucker steif schlagen. Heißes Wasser und Eigelb hinzufügen. Kartoffelmehl, Mehl und Backpulver vermischen, darübersieben und unterheben. Mohn untermischen.

Den Teig in eine mit Backpapier ausgelegte 28-cm-Springform füllen und im Backofen bei 170 °C Ober- und Unterhitze 30 Minuten backen. Den Boden am besten schon einen Tag vorher backen. Den fertigen Biskuit auf ein Küchenhandtuch stürzen und abkühlen lassen. Danach auf eine Tortenplatte setzen und waagerecht zweimal durchschneiden. Um den unteren Boden einen Tortenring legen.

Füllung:

1 l Schlagsahne
100 g Vanillezucker
1 Glas Preiselbeeren (450 g)

200 g Marzipan-Rohmasse
4 EL Puderzucker
Schokoraspel

Sahne mit dem Vanillezucker steif schlagen und die Preiselbeeren unterheben. Davon einige Löffel für die Deko beiseite stellen. Preiselbeer-Sahne auf allen drei Böden verteilen und aufeinandersetzen.

Marzipan mit dem Puderzucker verkneten, mit Klarsichtfolie belegen, ausrollen und den obersten Boden damit bedecken. Mit Preiselbeer-Sahne und Schokoraspel verzieren.

Erdbeerschnitte

RÜHRTEIG:

4 Eier
200 g Zucker
1 Pck. Vanillezucker
250 g Mehl
2 TL Backpulver
1 Tasse Öl
1 Tasse Sprudel

Aus allen Zutaten einen Rührteig herstellen. Den Teig auf ein gefettetes Backblech geben und im Backofen bei 175 °C Ober- und Unterhitze 20 Minuten backen.

BELAG:

500 ml Milch
1 Pck. Vanille-Puddingpulver
1 kg Erdbeeren
3 Pck. Tortenguss, rot
750 ml Apfelsaft

Den Pudding nach Packungsanleitung kochen und auf dem fertigen Teig verstreichen.
Erdbeeren waschen, putzen, klein schneiden und auf dem Pudding verteilen.
Tortenguss mit dem Apfelsaft nach Packungsanleitung kochen und auf die Erdbeeren geben.

Pharisäer

1 GLAS

100 ml starker Kaffee, erhitzt
4 cl Rum, angewärmt
1 Würfel Zucker
Sahnehaube
Kakaopulver

Den heißen Kaffee, Rum und Zucker in ein vorgewärmtes Glas gießen, Sahnehaube daraufsetzen und mit Kakao bestäuben. Den Kaffee durch die Sahne schlürfen.

Schokoladen-Torte

FÜLLUNG:

2 Tafeln Vollmilch-Schokolade
2 Tafeln Zartbitter-Schokolade
1 l Schlagsahne
Erdbeeren, klein geschnitten

Schokolade in der Sahne auflösen und leicht aufkochen lassen. Über Nacht in den Kühlschrank stellen. Mit dem Mixer aufschlagen.

BISKIUT:

5 Eier
200 g Zucker
3 EL heißes Wasser
130 g Kartoffelmehl
40 g Mehl
30 g Kakaopulver
2 TL Backpulver

Erdbeeren und Kuvertüre zum Verzieren

Eier trennen. Eiweiß mit dem Zucker steif schlagen. Heißes Wasser und Eigelb hinzufügen. Kartoffelmehl, Mehl, Kakao und Backpulver vermischen, darübersieben und unterheben. Den Teig in eine mit Backpapier ausgelegte 28-cm-Springform füllen und im Backofen bei 170 °C Ober- und Unterhitze 30 Minuten backen. Den Boden am besten schon einen Tag vorher backen. Den fertigen Biskuit auf ein Küchenhandtuch stürzen und abkühlen lassen. Danach auf eine Tortenplatte setzen und zweimal waagerecht durchschneiden. Um den unteren Boden einen Tortenring legen. Den unteren und mittleren Boden mit der Hälfte der Schoko-Sahne und nach Belieben mit Erdbeeren bestreichen und aufeinanderlegen. Den dritten Boden als Deckel darauflegen. Tortenring entfernen, die ganze Torte mit der restlichen Schoko-Sahne einkleiden und mit Erdbeeren verzieren. Früchte der Saison in geschmolzene Kuvertüre tauchen und die Torte damit verzieren.

Café Langes Mühle

Südlich von Elmshorn, im Kreis Pinneberg, liegt die Kleinstadt Uetersen, bekannt als Rosen- und Hochzeitsstadt. Hier entdeckten wir das zauberhafte Café Langes Mühle in einer reizvollen Landschaft, die von Marsch, Geest und Wald geprägt ist. Mit seiner Besitzerin Manuela Fritz, einer attraktiven, charmanten Frau mit viel Humor, kommt man schnell ins Plaudern. Man ist sofort von ihr eingenommen und hat das Gefühl, sie schon lange zu kennen. „Ich habe in einem Rechtsanwaltsbüro gelernt, aber das war mir auf die Dauer zu trocken. Ich träumte von einem schnuckeligen Café, in dem ich meine Gäste verwöhnen könnte. Aber dann kamen erst einmal Ehe und Kinder, und ich machte eine längere Familienpause", erzählt Manuela Fritz.

Am nördlichen Rande von Uetersen steht seit 1762 ein Herrenhaus mit einer Windmühle. Das Ensemble wird durch eine reetgedeckte Fachwerkscheune ergänzt. Die Familie Lange erbaute das Anwesen, welches immer im Familienbesitz war, bis der letzte Spross es 1979 an die Stadt Uetersen vererbte. Manuela Fritz verliebte sich in dieses Anwesen und machte aus dem Rest der Windmühle, die vor über zweihundert Jahren

Initialen des Erbauers.

Der Innenraum des Cafés bietet eine traumhafte Atmosphäre mit feinen, antiken Möbeln.

halb abgebrannt war, ihr Café. Mit sehr viel Liebe wurde alles restauriert und eingerichtet, sodass man sagen kann: Es ist eines der schönsten und gemütlichsten Cafés der Gegend. Für die Besucher ist aber nicht nur das Café Langes Mühle eine Attraktion, in der Museumsscheune werden Ausstellungen zu Kunst und Kultur sowie zu Stadt- und Landesgeschichte gezeigt, zudem finden darin Theateraufführungen, Konzerte und Lesungen statt.

Offizieller Trauraum der Stadt Uetersen. Auf diesem „Trausofa" sitzen die Brautleute, die sich in Langes Mühle trauen lassen. Anschließend wird ein Glas Sekt gereicht, und viele trinken anschließend Kaffee und genießen Kuchen, zum Beispiel Rotkäppchen-Torte, Schwedische Mandelcreme-Torte, Baumkuchen oder Zitronenkuchen.

Das stattliche, klassizistische Herrenhaus ist die dritte Attraktion des Anwesens und heute ein Museum mit Namen Langes Tannen, so benannt nach dem herrlichen Tannenwald, der das ganze Anwesen umgibt. Im Museum gibt es viel Interessantes zu betrachten: historische Möbel, Bilder, Silber und Gebrauchsgegenstände, die die Wohnkultur des 19. Jahrhunderts widerspiegeln. Ein Besuch lohnt sich also aus vielen Gründen, nicht zuletzt aufgrund der Möglichkeit, ausgedehnte Spaziergänge in die reizvolle Umgebung zu machen.

Die leiblichen Genüsse im Café Langes Mühle kommen nicht zu kurz: Torten, Kuchen und Kekse zu backen, ist Manuela Fritz' große Leidenschaft. Ihr Ehrgeiz: „Meine Gäste zu verwöhnen, ist mir wichtig, und ich bin immer ganz aufgeregt, wenn sich mein Café füllt, ob die Gäste auch wirklich zufrieden das Haus wieder verlassen."

Ihre Spezialitäten sind die Schwedische Mandelcreme-Torte, die Baisertorte mit Preiselbeeren und die Apfeltorte. Was gibt es Schöneres, als diese in einer traumhaften Atmosphäre mit feinen, antiken Möbeln zu genießen. Dazu erklingt leise klassische Musik.

Die Handschrift der Besitzerin spürt man in jedem Detail.

Romantischer Einblick in das Café.

Apfeltorte

Apfeltorte

Mürbeteig:
250 g Mehl
125 g Zucker
1 Ei
150 g Butter
1 Pck. Vanillezucker
1 TL Backpulver
Fett für die Form

Zutaten zu einem glatten Teig verrühren, in eine gefettete 28-cm-Springform geben und den Rand hocharbeiten.

Belag:
1 kg Äpfel
500 ml Apfelsaft
200 g Zucker
2 Pck. Vanille-Puddingpulver
2 Becher Schlagsahne
2 Pck. Vanillezucker
Krokant und Eierlikör für die Verzierung

Äpfel schälen, vierteln, entkernen und würfeln. Apfelsaft mit dem Zucker und Puddingpulver aufkochen und die Apfelwürfel dazugeben. Masse anschließend auf den Teig geben und im vorgeheizten Backofen bei 175 °C abbacken. Danach gut auskühlen lassen. Sahne mit dem Vanillezucker steif schlagen und den Kuchen damit verzieren. Krokant und Eierlikör darauf verteilen.
Die Torte lässt sich sehr gut einen Tag vorher backen.

Zitronenkuchen

Rührteig:
350 g Butter
350 g Zucker
5 Eier
1 Pck. Vanillezucker
1 Pck. Zitronenaroma
350 g Mehl
1 Pck. Backpulver
125 ml Orangensaft
Fett für die Form

Alle Zutaten zu einem glatten Teig verrühren, in eine ausgefettete Kastenform füllen und im vorgeheizten Backofen bei 175 °C ca. 40–50 Minuten backen.

Guss:
125 ml Orangensaft

Den Orangensaft über den noch heißen Kuchen gießen und gut durchziehen lassen.

Rotkäppchen-Torte

Rührteig:

175 g Butter
150 g Zucker
1 Pck. Vanillezucker
3 Eier
200 g Mehl
2 TL Backpulver
2 EL Kakaopulver

1 Glas Sauerkirschen (350 g Abtropfgewicht)

Aus den Zutaten (ohne Kirschen) einen hellen Teig herstellen und die Hälfte in eine mit Backpapier ausgelegte 28-cm-Springform füllen. Die zweite Hälfte mit dem Kakaopulver verrühren und auf den hellen Boden gießen. Beide Teige mit einem Löffel spiralförmig mischen (Marmorkuchen). Kirschen abtropfen lassen, Saft auffangen. Kirschen auf dem Teig verteilen. Im vorgeheizten Backofen bei 175 °C ca. 30 Minuten backen. Anschließend gut auskühlen lassen. Boden auf eine Tortenplatte setzen und mit einem Tortenring umlegen.

Belag:

500 ml Schlagsahne
50 g Zucker
1 Pck. Vanillezucker
500 g Quark
2 Pck. Tortenguss, rot

Sahne steif schlagen und mit Zucker, Vanillezucker und Quark vermischen. Quarkmasse auf dem Boden verteilen. Kirschsaft mit dem Tortenguss nach Packungsanweisung anrühren und noch heiß auf die Quarkmasse gießen. Mit einem Löffel kleine Spiralen ziehen. Torte ca. 3 Stunden im Kühlschrank ziehen lassen.

Schwedische Mandelcreme-Torte

Rührteig:

2 Eier
125 g Zucker
100 ml Öl
100 ml Apfel- od. Orangensaft
100 g gemahlene Mandeln
150 g Mehl
1 Pck. Backpulver

Alle Zutaten zu einem Teig verrühren, in eine mit Backpapier ausgelegte 28-cm-Springform geben und im vorgeheizten Backofen bei 175 °C (Umluft) ca. 25–30 Minuten backen. Anschließend gut auskühlen lassen. Tortenboden auf eine Tortenplatte setzen und einmal waagerecht durchschneiden. Den unteren Boden mit einem Tortenring umlegen.

Füllung:

1 Glas Himbeergelee
1 Pck. Vanillepuddingpulver
500 ml Milch
250 g Butter
100 g Puderzucker
200 g Mandelblätter

Himbeergelee auf dem unteren Boden verstreichen. Aus Puddingpulver und Milch einen Pudding kochen, etwas abkühlen lassen und Butter und Puderzucker unterrühren. Die Hälfte der Masse auf das Himbeergelee gießen und verteilen. Mit dem oberen Boden belegen und die zweite Hälfte der Puddingmasse darauf verteilen. Mit Mandelblättchen bestreuen. Anschließend im Kühlschrank durchziehen lassen, am besten über Nacht.

Eierlikör-Torte

RÜHRTEIG:

80 g Butter
100 g Zucker
5 Eier
200 g gemahlene Mandeln
100 g Kuvertüre, klein gehackt
2 TL Backpulver
2 EL Rum
3 EL Eierlikör

Alle Zutaten zu einem Teig verrühren, in eine mit Backpapier ausgelegte 28-cm-Springform füllen und im vorgeheizten Backofen bei 180 °C ca. 60 Minuten backen. Anschließend gut auskühlen lassen. Tortenboden auf eine Tortenplatte setzen und einmal waagerecht durchschneiden. Den unteren Boden mit einem Tortenring umlegen.

FÜLLUNG:

1 Glas Johannisbeergelee
500 ml Schlagsahne
2 Pck. Vanillezucker
Eierlikör

Johannisbeergelee auf dem unteren Boden verstreichen. Sahne mit dem Vanillezucker steif schlagen und die Hälfte davon auf dem Johannisbeergelee verteilen. Mit dem oberen Boden belegen und mit Sahne und Eierlikör verzieren.

Baisertorte mit Preiselbeeren

Rührteig:

125 g Butter
125 g Zucker
125 g Mehl
4 Eigelb
2 TL Backpulver
2 EL Milch

Zutaten zu einem Teig verrühren und auf zwei mit Backpapier ausgelegte 28-cm-Springformen verteilen.

Baisermasse:

4 Eiweiß
200 g Zucker

Eiweiß sehr steif schlagen und erst zum Schluss (wichtig!) den Zucker unterrühren. Eischnee auf beide Formen verteilen und im vorgeheizten Backofen bei 160 °C ca. 35 Minuten backen. Die Baisermasse muss sich schön hart anfühlen. Anschließend gut auskühlen lassen.

Belag:

1 Glas Preiselbeeren (400 g)
500 ml Schlagsahne
2 Pck. Vanillezucker
Puderzucker
geröstete Mandelblättchen

Den unteren Tortenboden auf eine Tortenplatte setzen und die Preiselbeeren vorsichtig darauf verteilen. Sahne mit Vanillezucker steif schlagen, auf den Preiselbeeren verstreichen und den zweiten Boden darauflegen. Mit Puderzucker und Mandelblättchen bestreuen. Sehr gut eignen sich auch frische Erdbeeren, Himbeeren oder Mandarinen.

Baumkuchen

Teig:

4 Eiweiß
250 g Butter
250 g Zucker
1 Pck. Vanillezucker
2 Eier
4 Eigelb
4 cl Rum
150 g Mehl
150 g Speisestärke
3 TL Backpulver

Eiweiß sehr steif schlagen. Aus den restlichen Zutaten in einer gesonderten Schüssel einen Teig rühren und den Eischnee mit dem Löffel vorsichtig unterheben.
Backofen und Grill auf höchster Stufe anheizen. Eine 28-cm-Springform mit Backpapier belegen, ca. 3 EL Teig darin verteilen und auf oberster Schiene in den Ofen schieben. Am Backofen stehenbleiben, bis der Teig hellbraun ist (nach ca. 2 Minuten). Form aus dem Ofen nehmen und die nächste Schicht auf der bereits gebackenen Schicht verteilen, zurück in den Ofen und weitere 2 Minuten backen. Dieses bis zu 15 Schichten wiederholen, bis der Teig alle ist. Anschließend gut auskühlen lassen.

Guss:

dunkle Kuvertüre
2 EL Wasser
125 g Puderzucker
2 EL Zitronensaft

Kuchenschichten auf eine Tortenplatte setzen. Kuvertüre im Wasserbad schmelzen lassen, mit Zucker, Wasser und Zitronensaft anrühren und über den Kuchen gießen. Mit Puderzucker verzieren. Der Kuchen schmeckt am besten, wenn er einige Tage durchgezogen ist.

Gut Ludwigsburg

Das nächste Café unserer Schleswig-Holstein-Rundreise befindet sich auf dem Areal des Gutes Ludwigsburg und lädt Sie zu einem Tagesausflug ein. Hier wird ein umfangreiches Programm geboten – von der Gutsbesichtigung über den Besuch der Pferdezucht, das Ponyreiten für Kinder, ausgedehnte Spaziergänge bis zur 1,5 km entfernten Ostsee und eben ein Besuch des Hofcafés mit seinen Platenkuchen, Torten und einer kleinen Karte für die Mittags- und Abendstunden.
Besitzer dieses wunderschönen, barocken Herrenhauses und landwirtschaftlichen Betriebes ist die Familie Carl, die 1950 von Niedersachsen kommend Besitz von diesem historischen Betrieb ergriff. Kurt Jürgen Carl ist der derzeitige Chef. Die Eltern, die die erste Generation darstellen, leben auch in dem Gutshaus und nehmen am Geschehen teil. Tochter Ann-Christin ist gerade dabei, in die Führung des Hofcafés zu wachsen und mit ihrem Charme die Atmosphäre zu prägen. Herr Carl ist aber die treibende Kraft des gesamtes Betriebes: Er ist Landwirt und bewirtschaftet die 250 ha, hält die Gebäude instand und betreibt eine Pferde- und Ponyzucht mit Reitbetrieb. Wer also einen Ausritt auf den ausgedehnten Reitwegen durch Wälder und Felder machen möchte, kann sich das geeignete Pferd im Reitstall aussuchen oder auch ein mitgebrachtes eigenes Pferd hier einmal bei einem Ausflug entspannen lassen. Die Kinder können auf Ponys bei einer Reitstunde reiten lernen oder sich in Halle oder Paddock austoben. Wem ein Tag zu wenig ist, kann sich ein Appartement für 2–4 Personen mieten und nach Belieben bleiben. Die zweite Abteilung des Pferdebetriebes ist die sehr erfolgreiche Pferde- und Ponyzucht mit eigenen Hengsten, deren Aushängeschild der berühmte Schimmelhengst Bazar mit arabischen Wurzeln ist, zugelassen als Vererber für Holsteiner, Trakehner, ja fast alle deutschen Pferde- und Ponyrassen. An den Pferden hängt Kurt Jürgen Carls Herz ganz besonders, und man sagt ja auch in Schleswig-Holstein: „Wer Pferde hat, den haben die Pferde", und ihn hat eigentlich der ganze Betrieb. Mit Stolz beobachtet er, wie seine Tochter in die Leitung des Hofcafés hinein wächst, das sehr rustikal und liebevoll gestaltet ist. Der historische Raum, ehemals ein Räucherhaus, ist im Großen und Ganzen im Original erhalten und mit hölzernen Stühlen und Bänken, selbst gemacht aus Bäumen des eigenen Waldes, urgemütlich. Hier kann man seinen Kaffee oder Tee mit den berühmten, selbstgebackenen Platenkuchen und Torten genießen. Die Highlights sind die Stracciatella-

Hofcafé Ludwigsburg, ehemaliges Räucherhaus des Gutes.

Torte sowie der Kirsch- und Apfelkuchen. Wie erwähnt, gibt es auch eine kleine Karte mit Leckereien, die zum Schluss gekrönt werden mit einem Drink namens „Sweet Bazar", in Anerkennung des Hengstes Bazar.

Als am späten Abend, nach einem langen Arbeitstag, Herr Carl zu uns auf die Bank rutscht, gerät er ins Schwärmen: „Wir befinden uns hier auf sehr altem historischen Boden, dessen Anfänge bis ins frühe 15. Jahrhundert zurückreichen. Die Ludwigsburg war damals Besitz holsteinischer Bischöfe. 1729 kaufte ihn ein dänische Diplomat, der dem Anwesen seinen endgültigen Namen gab. Das heutige Herrenhaus, das bald danach entstand, ist ein stattlicher, viergeschossiger Barockbau mit Mansardendach und wird von einem malerischen Hausgraben umgeben. In der weltweit einmaligen und berühmten ‚Bunten Kammer' können wir eine fremdartige, farbige Bilderwelt bestaunen. Die Wände des Raumes sind über und über mit Sinnsprüchen bedeckt, die auf hölzerne Tafeln gemalt sind. Insgesamt sind es 145 Tafeln. Selbst die Tür besteht aus drei Gemälden. Jede dieser Tafeln trägt einen Sinnspruch in einer der europäischen Sprachen." Diese „Bunte Kammer" kann auch als Trauzimmer genutzt werden. Zum Feiern zieht man dann aber lieber in den beheizten Gewölbekeller mit Kamin oder in den goldenen Saal, wo etwa Hochzeitsfeiern, Jubiläen, Geburtstage, Taufen usw. ausgerichtet werden. Hier finden auch so genannte Ludwigsburger Abende statt, an denen Künstler das Publikum mit klassischer Musik, Liedern und Literatur unterhalten. Für die Gäste gibt es hier noch viel mehr zu entdecken, wie den Festsaal und den Hofladen mit seinen selbstgemachten Produkten, so dass man nach dem Aufenthalt im Herrenhaus Ludwigsburg erfüllt seinen Heimweg antritt.

Die berühmte „Bunte Kammer" mit ihrem barocken Raumschmuck kann auch als Trauzimmer genutzt werden.

Torhaus.

Innenraum des Cafés mit einem kleinen Kuchen- und Tortenbuffet: Kirschkuchen, Apfelkuchen, Zitronenkuchen, Stracciatella-Torte und Himbeer-Mascarpone-Torte.

Apfelkuchen vom Blech

RÜHRTEIG:

4 Eier
250 g Zucker
250 g Margarine
1 Pck. Vanillezucker
4 Äpfel, geschält und gewürfelt
500 g Mehl
1 Pck. Backpulver
Fett für das Blech

Eier, Zucker, Margarine und Vanillezucker schaumig rühren. Apfelwürfel unterheben. Mehl und Backpulver vermischen und nach und nach unterrühren.
Blech einfetten und den Teig darauf verstreichen.

BELAG:

4 Äpfel
50–100 g Zucker

Äpfel schälen, entkernen und in Ringe schneiden. Anschließend nebeneinander auf den Teig legen und mit Zucker bestreuen. Im vorgeheizten Backofen bei 180 °C ca. 45 Minuten backen. Lauwarm mit geschlagener Sahne servieren.

Zitronenkuchen

RÜHRTEIG:

6 Eier
325 g Zucker
325 g Margarine
1 Pck. Vanillezucker
325 g Mehl
½ Pck. Backpulver
2 Tüten Zitronenzucker
Fett für das Blech

Eier, Zucker, Margarine und Vanillezucker schaumig rühren. Mehl und Backpulver vermischen und unterrühren. Zum Schluss den Zitronenzucker untermischen. Blech einfetten, Teig darauf verteilen und im vorgeheizten Backofen bei 175 °C ca. 20 Minuten backen.

GUSS:

250 g Puderzucker
5 EL Zitronensaft

Vermischen und auf den warmen Kuchen streichen.

Stracciatella-Sahne-Torte

Biskuit:

6 Eier
100 g Zucker
200 g Mehl
1 TL Backpulver
1 Prise Salz

Eier trennen. Eiweiß steif schlagen. Eigelb mit dem Zucker schaumig rühren. Mehl und Backpulver vermischen, darübersieben und unterrühren. Salz dazugeben. Eischnee unterheben. Backring einer 28-cm-Springform leicht einfetten und den Boden mit Backpapier belegen. Teig hineinfüllen und im vorgeheizten Backofen bei 185 °C ca. 20–30 Minuten backen. Anschließend gut auskühlen lassen. Danach auf eine Tortenplatte setzen und waagerecht zweimal durchschneiden. Um den unteren Boden einen Tortenring legen.

Füllung:

6 Becher Schlagsahne (à 200 ml)
2 Pck. Vanillezucker
80 g Kakaopulver
150 g Zartbitter-Kuvertüre

2 Becher Sahne steif schlagen und die Hälfte davon auf dem unteren Boden verstreichen. Kuvertüre im Wasserbad schmelzen und Schokofäden über die Sahne ziehen. Mit dem zweiten Boden belegen.

Restliche Sahne steif schlagen, mit Kakaopulver vermischen und die Hälfte davon auf dem zweiten Boden verteilen. Schokofäden darüberziehen. Den dritten Boden als Deckel darauflegen, mit der restlichen weißen Sahne bestreichen und mit Schokosahne und Schokofäden nach Belieben verzieren.

Kirschkuchen vom Blech

RÜHRTEIG:

250 g Zucker
250 g Margarine
1 Pck. Vanillezucker
4 Eier
500 g Magerquark
375 g Mehl
½ Pck. Backpulver
Fett für das Blech

BELAG:

2 Gläser Sauerkirschen, abgetropft
(350 g Abtropfgewicht)
Puderzucker zum Bestreuen

Zucker, Margarine und Vanillezucker schaumig rühren. Eier und Quark hinzugeben und durchrühren. Mehl und Backpulver vermischen und unterrühren. Teig auf einem gefetteten Backblech verstreichen und mit den Kirschen belegen. Im vorgeheizten Backofen bei 175 °C ca. 45 Minuten backen. Den Kuchen noch warm mit Puderzucker bestreuen. Warm schmeckt er am besten.

Himbeer-Mascarpone-Torte

Biskuit:

6 Eier
100 g Zucker
200 g Mehl
1 TL Backpulver
1 Prise Salz

Eier trennen. Eiweiß steif schlagen. Eigelb mit dem Zucker schaumig rühren. Mehl und Backpulver vermischen, darübersieben und unterrühren. Salz dazugeben. Eischnee unterheben. Backring einer 28-cm-Springform leicht einfetten und den Boden mit Backpapier belegen. Teig hineinfüllen und im vorgeheizten Backofen bei 185 °C ca. 20–30 Minuten backen. Anschließend gut auskühlen lassen. Danach auf eine Tortenplatte setzen und waagerecht zweimal durchschneiden. Um den unteren Boden einen Tortenring legen.

Füllung:

2 Becher Mascarpone (à 200 g)
3 Becher Crème fraîche (à 150 g)
2 Pck. Vanillezucker
1 Glas Himbeermarmelade
500 g frische Himbeeren
400 ml Schlagsahne, geschlagen

Mascarpone, Crème fraîche und Vanillezucker miteinander verrühren. Den unteren Boden mit 3 EL Himbeermarmelade dünn bestreichen und die Hälfte der Creme darauf verteilen. 250 g Himbeeren daraufgeben. Mit dem zweiten Boden belegen, ebenfalls mit Marmelade und dem Rest der Creme bestreichen und mit Himbeeren belegen. Den dritten Boden als Deckel darauflegen und die Torte mit Sahne einkleiden. Nach Geschmack verzieren.

Dat lütte Café

Fachwerkhaus von 1749 in der Krenzerstraße, Schnepel-Haus genannt.

Was für eine Freude macht es doch immer wieder, einen Ausflug in die schöne Landschaft Schleswig-Holsteins zu unternehmen, bei einem ausgedehnten Spaziergang Umgebung und Sehenswürdigkeiten zu erkunden und als krönenden Abschluss ein schönes Café zu besuchen und mit Freundinnen und Freunden bei einer Tasse Kaffee und einem leckeren Stück Torte oder Kuchen einen Klönschnack zu halten!

Das Café von Sabine Gerbinski in Burg, der „Perle der Westküste Schleswig-Holsteins", wie dieser kleine hübsche Ort direkt am Nord-Ostsee-Kanal genannt wird, lädt zum Verweilen ein. Kommt man von Süden, erreicht man den Luftkurort Burg mit der Fähre über den Nord-Ostsee-Kanal. Wie der Name schon sagt, rührt er von der Bökelnburg her, die hier einmal stand und von der aus Graf Rudolf im Mittelalter ganz Dithmarschen mit harter Hand regierte. Dieser Ort hat eine lange und bewegte Vergangenheit. Doch Bökelnburg und Befestigungsanlagen gehören der Vergangenheit an, und an gleicher Stelle kann man nun von einem Wanderweg aus die wunderschöne Landschaft betrachten. In

Blaues Zimmer im Café.

Auf der Terrasse ist Platz für ca. 26 Personen, und für jeden Geschmack ist ein lauschiges Eckchen dabei.

Sabine ist eine handwerklich sehr begabte Frau, und es macht ihr viel Spaß, alles selbst zu machen. So entstand in diesem alten Gebäude, das Kutscher, Schuster und alle möglichen Handwerker beherbergt hatte, ein mit Liebe hergerichtetes Café. In schöner, warmer Gemütlichkeit kann man sich wohl fühlen, nicht nur bei einem Nachmittagsbesuch, sondern auch Familienfeste, Konfirmationen, Geburtstage und Jubiläen können hier gefeiert werden. Natürlich serviert Sabine selbstgebackenen Kuchen, und ihre Torten sind ausgemachte Spezialitäten. So wie Burg eine Perle der Westküste ist, kann man wohl mit Recht sagen, dass „Dat lütte Café" von Sabine Gerbinski eine Perle im Reigen meiner norddeutschen Cafés ist.

Burg selbst gibt es viele schöne alte Gebäude wie die Königliche Apotheke am Markt, die Petrikirche, den stattlichen Bahnhof aus der Gründerzeit und Fachwerkhäuser in der Krenzerstraße.

In dieser Krenzerstraße findet man, versteckt unter hohen Bäumen, das schnuckelige kleine Café von Sabine Gerbinski, einer hübschen und charmanten Geschäftsfrau. Eine romantische Anekdote gibt es zu erzählen: Ein Fan meiner Café-Bücher entdeckte dieses Kleinod nach einem Spaziergang entlang des Kanals und rief mich an, um mir „Dat lütte Café" für mein nächstes Rezeptbuch zu empfehlen. Neugierig geworden, suchte ich dieses Café einige Zeit später auf und – siehe da, wie das Schicksal so spielt! – aus den beiden ist ein Paar geworden.

Auch Sabine Gerbinski hat sich mit ihrem Café einen lang gehegten Traum erfüllt, ihr Mieder- und Korsagengeschäft verlegt und in die Räumlichkeiten integriert, um dieses alte Kutscherhaus zu einem Café umzubauen. Ja, Sie haben richtig gelesen, nicht umbauen zu lassen, denn

Hier beweist Sabine Gerbinski ihr handwerkliches Können: Die Kojenbank, die ihren Innenhof schmückt, baute sie aus einem alten Bett.

Sanddorn-Schokoladen-Torte

Sanddorn-Schokoladen-Torte

Biskuit:

5 Eier
180 g Zucker
140 g Mehl
1 TL Backpulver
1 EL Speisestärke
Fett für die Form

Eier und Zucker mit dem Rührgerät zu einer cremigen, hellgelben Masse aufschlagen. Mehl, Backpulver und Speisestärke auf die Masse sieben und vorsichtig unterheben. Teig in eine gefettete 26-cm-Springform geben und bei 175 °C 40 Minuten backen. Anschließend gut auskühlen lassen. Danach auf eine Tortenplatte setzen und waagerecht zweimal durchschneiden. Um den unteren Boden einen Tortenring legen.

Füllung:

½ Glas Schokocreme
1 Glas Sanddornkonfitüre
500 ml Schlagsahne, geschlagen
(nach Belieben mit Sanddornlikör anreichern)

Schokocreme im Wasserbad erwärmen und eine dünne Schicht auf dem unteren Boden verstreichen. Auf die Schokocreme eine etwas dickere Schicht Sanddornkonfitüre geben, es empfiehlt sich, auch diese leicht zu erwärmen. Darauf eine dünne Schicht Sahne streichen und den mittleren Boden daraufsetzen. Dieses noch einmal wiederholen. Den Deckel aufsetzen, die Torte mit Sahne glattstreichen und verzieren.

Orangenlikör

1 Apfelsine (unbehandelt)
40 Kaffeebohnen
40 Stück Würfelzucker
1 Fl. Korn (38 Vol.-%)

Würfelzucker in ein schönes Gefäß mit großer Öffnung geben. Apfelsine mit den Kaffeebohnen spicken und auf den Würfelzucker legen. Mit Korn auffüllen und abgedeckt mindestens vier Wochen ziehen lassen. Zwischendurch umrühren.
Orange entfernen und den Likör in einen Flakon umfüllen.

Buchweizen-Preiselbeer-Torte

BISKUIT:

6 Eier
200 g Zucker
90 g Buchweizenmehl
50 g Kartoffelmehl
Fett für die Form

Eier trennen. Eigelb und Zucker mit einem Rührgerät sehr schaumig schlagen. Buchweizen- und Kartoffelmehl darübersieben und sorgfältig unterrühren. Eiweiß steif schlagen und unter den Teig heben. Anschließend in eine gefettete 26-cm-Springform füllen und im Backofen bei 175 °C ca. 25–30 Minuten backen. Danach gut auskühlen lassen, auf eine Tortenplatte setzen und waagerecht zweimal durchschneiden. Um den unteren Boden einen Tortenring legen.

FÜLLUNG:

1 Glas Preiselbeeren
500 ml Schlagsahne, geschlagen

Den unteren Boden mit Preiselbeeren bestreichen und mit einer Schicht Sahne bedecken. Zweiten Boden auflegen und genauso belegen. Den dritten Boden als Deckel darauflegen, die ganze Torte mit Sahne einstreichen und mit Rosetten und Preiselbeeren verzieren.

Sherry-Torte

Biskuit:

5 Eier
250 g Zucker
½ Pck. Backpulver
250 g Mehl
1 EL Kakaopulver
Fett für die Form

Eier und Zucker mit einem Rührgerät zu einer cremigen, hellgelben Masse aufschlagen. Backpulver, Mehl und Kakaopulver auf die Masse sieben und vorsichtig unterheben. Teig in eine gefettete 26-cm-Springform füllen und im Backofen bei 150 °C 45 Minuten auf der mittleren Schiene backen. Anschließend gut auskühlen lassen. Danach auf eine Tortenplatte setzen und waagerecht zweimal durchschneiden. Um den unteren Boden einen Tortenring legen.

Füllung:

2 EL Apfelgelee
400 ml Schlagsahne
100 g Rosinen, eingelegt in
100 ml Sherry
50 g Mandelblättchen

Deko:

100 g Mandelblättchen
(in etwas Margarine geröstet)

Den unteren Boden mit Gelee bestreichen. Sahne süßen und steif schlagen. Für die Deko Sahne in einen Spritzbeutel füllen. Unter die restliche Sahne die eingelegten Rosinen einschließlich des Sherrys und Mandelblättchen heben. Diese Sahnemischung auf dem unteren, mittleren und oberen Boden verteilen und aufeinanderlegen.
Sahne am Rand und auf dem Deckel glattstreichen und mit den gerösteten Mandeln verzieren. Zum Schluss einen Sahnekranz auf die Torte spritzen. Wer möchte, kann diesen mit Rosinen belegen.
Die Torte schmeckt erst am nächsten Tag so richtig lecker!

Zitronen-Joghurt-Sahne-Torte

RÜHRTEIG:

100 g Weizenmehl
25 g Speisestärke
3 gestr. TL Backpulver
125 g Zucker
1 Pck. Vanillin-Zucker
1 Prise Salz
3 Eier
125 g weiche Margarine
Fett für die Form

Mehl, Speisestärke und Backpulver in eine Rührschüssel sieben und vermischen. Zucker, Vanillin-Zucker, Salz, Eier und Margarine hinzufügen und auf höchster Stufe mit dem Handrührgerät 3 Minuten zu einem Teig verarbeiten. Anschließend in eine gefettete, mit Backpapier ausgelegte 26-cm-Springform füllen und im Backofen bei 170 °C ca. 35 Minuten backen. Danach gut auskühlen lassen.

FÜLLUNG:

250 g Magerquark
500 g Naturjoghurt
1 Pck. Paradiescreme, Zitrone
2 Pck. Finesse-Zitronenfrucht
2 EL Vanillin-Zucker
2 EL Zucker
400 ml Schlagsahne, geschlagen
10 Blatt Gelatine
etwas Puderzucker
1 Zitrone (unbehandelt)

Magerquark, Joghurt, Paradiescreme, Finesse-Zitronenfrucht, Vanillin-Zucker und Zucker miteinander verrühren.
Sahne süßen, steif schlagen und kalt stellen.

Gelatine in kaltem Wasser einweichen, ausdrücken und in einem Topf erwärmen (nicht erhitzen). Wenn sie cremig ist, den Topf vom Herd nehmen, 3 EL der vorbereiteten Masse hinzugeben und schnell glattrühren. Dieses dann mit einem Schneebesen unter die gesamte Masse rühren. ⅔ der geschlagenen Sahne dazugeben und glatt rühren. Restliche Sahne in einen Spritzbeutel füllen.
Den Tortenboden einmal waagerecht durchschneiden. Den oberen Teil auf einem Tortenteiler in einer Frischhaltefolie verwahren. Den unteren Teil auf eine Tortenplatte setzen und mit einem Tortenring umlegen. Füllung hineingeben, glattstreichen und mindestens 8 Stunden in die Kühlung stellen.
Den oberen Deckel mit einem zehner Tortenteiler eindrücken und mit einem Messer teilen.
Tortenring entfernen und auch die Füllung mit dem Tortenteiler leicht einteilen. Auf die rechte Seite jedes Tortenstückes ein Sahnehäubchen spritzen, um jeweils ein Stück des Deckels schräge daranzulehnen. Wenn alle Stücke aufgelegt sind, auf jede äußere Spitze einen Sahnetuff setzen. Den Deckel mit Puderzucker bestäuben und zum Schluss ¼ einer Zitronenscheibe auf jedes Sahnehäubchen setzen.

Rißler-Hof

Sonnendurchfluteter Innenraum des Cafés.

Am Rande der Ortschaft Holm, zwischen Wedel und Uetersen, liegt das Naturerholungsgebiet Holmer Sandberge. Biegt man vom Kreisel Holm in Richtung Westen ab, sieht man schon von weitem das rote Ziegeldach des Rißler-Hofes leuchten. Hier hat man einen wunderbaren Weitblick über die Haseldorfer Marsch, die wegen ihrer Schönheit vielfach von Tagesgästen bereist wird. Der für die Gegend typische Rißler-Hof wurde kürzlich zu einem „Café & Bleibe" ausgebaut. Eine große Terrasse mit 40 Plätzen lädt wahrlich zum Bleiben ein, daneben findet man einen vom Kuhstall zum Café umgebauten Innenraum mit 70 Plätzen. Hier kann man sich verführen lassen von einer großen Auswahl selbst gebackener Kuchen und Torten. Der ganze Stolz der Chefin Dörte Rißler-Gülck sind die Stachelbeer-Baiser-Torte, die Cappuccino-Torte – auch Eistorte genannt –, aber auch die frischen Obstkuchen mit saisonalen Früchten der Region wie z.B. Blaubeeren, Himbeeren und Erdbeeren. Auch Herzhaftes wird hier angeboten, so beispielsweise das sehr beliebte Landfrühstück mit Räucherfisch und Wurstspezialitäten. Das Café im geschmackvollen Landhausstil bietet sich auch für Hochzeiten, Jubiläen, Geburtstage, Weihnachtsfeiern und vieles mehr an. Übernachten kann man auf dem Rißler-Hof in gemütlich rustikal eingerichteten Einzel- und Doppelzimmern.

Dörte Rißler-Gülck ist wahrlich vom Fach, sie ist gelernte Hauswirtschaftsleiterin und hat natürlich das Café mit ihrem Charme und Wissen voll im Griff. Sie backt alles selbst, wobei ihr ihre Mutter Frauke gekonnt zur Seite steht. Man probiere unbedingt ihren sensationellen Hefebutterkuchen. Die Dritte im Bunde ist Martina Ringel, sie dekoriert den Garten mit Deko aller Art aus Zink, Holz, Keramik und Glas. Die Artikel sind im Café zu erwerben. Ehemann Olaf ist Gärtnermeister und hat den wunderschönen Garten des Rißler-Hofes gestaltet. Neben seiner Berufstätigkeit pflegt er aber nicht nur den Garten, sondern steht auch im Café seinen Mann, und die Damen heben immer wieder hervor, dass er der perfekte Tortenschneider ist. Wie in den meisten Landcafés haben wir auch hier einen vorbildlichen Familienbetrieb, der mit viel Liebe seine Gäste verwöhnt.

Ländliche Stimmung.

Caféterrasse mit Blick in die Haseldorfer Marsch.

Geschichtlich interessant ist, dass Holm am Alten Ochsenweg liegt, einer Heerstraße aus dem 15. Jahrhundert. Auf ihm wurden Rinder von Jütland bis Wedel getrieben und dort verkauft. Der Ort wurde schriftlich erstmals im Jahre 1708 erwähnt, hat sich dann relativ schnell entwickelt und ist heute besonders interessant durch sein Heimatmuseum, das in einem alten Gulf-Ständerhaus von 1700 untergebracht ist. Ob mit dem Auto oder dem Fahrrad: Holm und sein Rißler-Hof sind immer einen Ausflug wert.

Seitenansicht vom Rißler-Hof.

Erdbeer-Charlotte

Erdbeer-Charlotte

BISKUITROLLE:

4 Eier
100 g Zucker
80 g Mehl
1 TL Backpulver
1 Pck. Vanille-Puddingpulver

100 g Johannisbeergelee

Aus den Zutaten (bis auf das Johannisbeergelee) einen Biskuitteig zubereiten und auf einem Backblech verstreichen. Im vorgeheizten Backofen bei 200 °C ca. 10–15 Minuten backen. Anschließend auf ein gezuckertes Küchenhandtuch stürzen. Die Biskuitplatte mit Johannisbeergelee einstreichen, halbieren und eine Hälfte aufrollen.

FÜLLUNG:

750 g frische Erdbeeren
500 g Erdbeerjoghurt
150 g Zucker
1 Pck. Vanillezucker
Saft u. Schale 1 Zitrone (unbehandelt)
10 Blatt Gelatine, weiß
500 ml Schlagsahne
Puderzucker
Melisse

Erdbeeren waschen und putzen, davon 400 g klein schneiden. 350 g pürieren und mit Joghurt, Zucker, Vanillezucker, Zitronensaft und -schale verrühren. Gelatine einweichen, auflösen und unterheben. Sahne steif schlagen und mit den Erdbeerstücken unterheben.
Biskuitrolle in 1 cm dicke Scheiben schneiden und eine Schüssel (2½ l) damit auslegen. Erdbeermasse einfüllen. Aus dem Rest der Biskuitplatte, in der Größe der Schüssel, einen Deckel ausschneiden und darauflegen. Über Nacht kalt stellen. Am nächsten Tag auf eine Tortenplatte stürzen und mit Puderzucker und Melisse dekorieren.

Mohntorte

Rührteig:

125 g Butter
100 g Zucker
200 g Mehl
1 Pck. Backpulver
1 Pck. Vanillezucker
1 Ei
1 EL Milch

Zutaten zu einem Rührteig verrühren und in eine 28-cm-Springform füllen.

Belag:

500 ml Milch
1 Pck. Vanille-Puddingpulver
500 g Backmohn
400 g Schmand
3 Eier
100 g Puderzucker
200 ml Schlagsahne, geschlagen
200 g Marzipan-Rohmasse
4 EL Puderzucker

Aus Milch und Puddingpulver einen Pudding zubereiten. Backmohn und 200 g Schmand unter den Pudding rühren. Masse auf dem Rührteig verteilen und im vorgeheizten Backofen bei 175 °C ca. 40 Minuten backen.
200 g Schmand, Eier und Puderzucker schaumig schlagen, auf den Belag geben und weitere 30 Minuten backen. Anschließend auskühlen lassen. 200 g Sahne auf den Kuchen verteilen.
Marzipan mit dem Puderzucker verkneten, mit Klarsichtfolie belegen und ausrollen. Den oberen Belag damit bedecken. Nach Belieben Sahne auf dem Kuchen dekorieren.

Kuhfleckentorte

Erdbeer-Joghurt-Torte

Mürbeteig:

100 g Mehl
100 g Zucker
100 g Butter
100 g gemahlene Mandeln
1 Msp. Backpulver

Zutaten zu einem glatten Teig verrühren, in eine mit Backpapier ausgelegte 28-cm-Springform füllen und im vorgeheizten Backofen bei 225 °C ca. 15 Minuten backen. Boden gut auskühlen lassen und auf eine Tortenplatte setzen. Mit einem Tortenring umlegen.

Joghurtschaum:

3 Eigelb
200 g Zucker
3 Becher Vollmilch-Joghurt (à 150 g)
Saft und Schale von 1½ Zitronen (unbehandelt)
12 Blatt Gelatine, weiß
400 ml Schlagsahne, geschlagen
3 Eiweiß, steif geschlagen

Eigelb und Zucker schaumig rühren. Joghurt, Zitronensaft und -schale hineinrühren. Gelatine einweichen, ausdrücken, auflösen und daruntermischen. Sahne und Eischnee unterheben und den Joghurtschaum auf dem Tortenboden verteilen. Anschließend drei Stunden in die Kühlung stellen.

Erdbeerschaum:

500 g frische od. TK-Erdbeeren
100–120 g Zucker
Saft von ½ Zitrone
5 Blatt Gelatine, rot
geschlagene Sahne

Erdbeeren wenn nötig waschen, putzen und in eine Schüssel geben. Zucker und Zitronensaft hinzugeben und pürieren. Gelatine einweichen, ausdrücken, auflösen und unter den Erdbeerschaum rühren. Anschließend vorsichtig auf die feste Joghurtmasse gießen. Wenn der Schaum fest geworden ist, Kuhflecken aus geschlagener Sahne daraufsetzen.

Gewürzkuchen zum Advent

4 Eier
300 g Zucker
150 ml Öl
4 TL Zimt
250 g Mehl
1 Pck. Backpulver
5 Äpfel
125 g Walnüsse, gehackt

Eier schaumig schlagen. Zucker, Öl, Zimt, Mehl und Backpulver dazugeben und alles gut verrühren. Äpfel schälen, entkernen, würfeln und zusammen mit den Walnüssen unterheben. Teig in eine 28-cm-Springform geben und im vorgeheizten Backofen bei 175 °C ca. 60 Minuten backen. Anschließend gut auskühlen lassen und nach Geschmack verzieren.

Hefebutterkuchen

450 g Mehl
1 Würfel Hefe
60 g Zucker
1 Prise Salz
200 ml Milch

100 g flüssige, lauwarme Margarine
1 Ei
60 g Rosinen
Fett für das Blech

100 g Butterflöckchen
1 Pck. Vanillinzucker
150 g Mandelblättchen

Das Mehl in eine Schüssel sieben und eine Mulde hineindrücken. Die Hefe hineinbröckeln und mit etwas Zucker, Salz, Milch und Mehl zu einem Vorteig verrühren. Abgedeckt ca. 30 Minuten gehenlassen.
Anschließend Margarine, Ei und Rosinen zum Vorteig geben und mit Knethaken 10 Minuten zu einem Hefeteig verarbeiten. Den Teig auf ein gefettetes Backblech geben, Butterflöckchen darauf verteilen und den Vanillinzucker und die Mandelblättchen darüberstreuen. Danach im vorgeheizten Backofen bei 50 °C ca. 30 Minuten gehen lassen. Anschließend die Hitze auf 210 °C erhöhen und den Kuchen 15 Minuten abbacken. Eventuell 3 Minuten Restwärme hinzugeben. Der Butterkuchen sollte blond sein. Auskühlen lassen.

GUSS:

200 g Puderzucker
3 EL Wasser

Puderzucker mit Wasser glattrühren und den Butterkuchen damit überziehen.

Eiskaffee-Sahne-Torte

Biskuit:
6 Eier
150 g Zucker
150 g Mandeln, gemahlen
3 EL Paniermehl
1 Pck. Backpulver
50 g Schokostreusel

Eier trennen. Eigelb mit Zucker schaumig schlagen. Mandeln, Paniermehl und Backpulver vermischen und unterrühren. Eiweiß steif schlagen und mit den Schokostreusel unterheben. Teig in eine 28-cm-Springform füllen und im vorgeheizten Backofen bei 175 °C ca. 35–40 Minuten backen. Anschließend gut auskühlen lassen. Vom Tortenboden einen 1 cm dicken Deckel abschneiden und zerbröseln. Restlichen Boden auf eine Tortenplatte setzen und mit einem Tortenring umlegen.

Belag:
1 Glas Sauerkirschen (350 g Abtropfgewicht)
40 g Kartoffelmehl
750 ml Schlagsahne
3 Pck. Sahnesteif
2 Pck. Vanillezucker
2 Beutel Eiskaffeepulver (à 40 g)

Sauerkirschen mit Saft erhitzen und mit Kartoffelmehl andicken. Etwas abkühlen lassen und auf dem Biskuitboden verteilen. Sahne mit Sahnesteif und Vanillezucker steif schlagen und das Eiskaffeepulver unterrühren. Anschließend auf die Kirschen geben und mit den Kuchenbröseln dekorieren. Eiskalt servieren!

Alte Schlossgärtnerei

Eine wunderschöne Gegend Schleswig-Holsteins ist die Umgebung des Plöner Sees. Hier befinden sich das Plöner Schloss und das Prinzenhaus, so benannt, weil es als Internatswohnung der Söhne Kaiser Wilhems II. diente. Zwischen dem Schloss und dem Prinzenhaus, an einem Hang, liegt die alte Schlossgärtnerei, alles zusammen Schloss-Ensemble genannt. Weil hier ein milderes, fast mediterranes Klima herrscht, wurden schon immer exotische Kräuter, Nutz- und Gemüsepflanzen gezüchtet.
Dorit Dahmke, studierte Diplombiologin, setzt diese Tradition seit Jahren fort. 1999 übernahm sie die alte Schlossgärtnerei, und mit der Zeit reifte in ihr die Idee, hier ein Café zu eröffnen. Das Gebäude befand sich allerdings in einem desolaten Zustand, und die unternehmungslustige neue Besitzerin packte selbst an und renovierte das ganze Haus von den Grundmauern bis hin zum Dach. 2003 war alles fertig, und das Café konnte eröffnet werden.
Sie wollte aber auch die alte Tradition fortführen, denn die Schlossgärtnerei war immer ein Versorgungslieferant des herzöglichen Schlosses und des Prinzenlustschlosses und hat viele Spezialitäten hervorgebracht. Auf einer Informationstafel vor dem Café wird eine Zeile aus einem Goethegedicht zitiert: „Wo die Zitronen blühen“, was ausdrücken soll, dass sich hier ein Garten von mediterraner Anmut befindet. Früher die Orangerie mit herzoglichem Melonengarten und Sonnenquartier für Kübelpflanzen, werden heute hier besondere Obstsorten, die verschiedensten Beeren und alte Gemüsespezialitäten kultiviert und überwiegend Kräuter wie Zitronenverbene, Vietnamesischer Koriander, Lakritz-Tagetes oder Anis-Ysop gezüchtet und als Schnittgut oder Topfpflanzen verkauft oder

Innenraum des Cafés.

Produkte aus der Schlossgärtnerei: Rosensirup, Apfelsaft, Holunderblüten-Rosmarin-Gelee, Mandarinenminze, Erdbeerminze, Kuchen im Glas und Rosenlikör. Ein Eldorado für Liebhaber außergewöhnlicher Kräuter. Alle Produkte sind in der Gärtnerei käuflich zu erwerben.

in Kuchen und Tees des Cafés verarbeitet. Die ausgefallenen Torten und Kuchen sind die Spezialität der Alten Schlossgärtnerei und werden von den Besuchern, die einen Ausflug zum Schloss und zum Prinzenhaus machen, in wunderschöner Umgebung genossen. Hier werden alle Sinne angesprochen. Nicht nur an Ort und Stelle kann man das Selbstgebackene verzehren, sondern sich auch die „Brombeer-Rosmarin-Schnitte", den „Apfel-Zitronenthymian-Kuchen" oder den „Zitronen-Ingwer-Kuchen im Glas" fachgerecht verpacken lassen und mit nach Hause nehmen.

Ein Highlight im Laufe des Jahres ist das Apfelfest am letzten Sonntag vor den Herbstferien. Dann lädt Dorit Dahmke alle herzlich ein. Es stehen über 20 verschiedene Apfelsorten auf der Streuobstwiese, die man sonst nirgendwo bekommen kann. Ein Teil davon wird verbacken und zu Marmelade und Apfelsaft verarbeitet. Die Gäste können mit Flaschen kommen, Äpfel sammeln und zum Selbstkostenpreis hier ihren Apfelsaft pressen. Eine besondere Attraktion ist das Ponyreiten für Kinder: ein Riesenspaß für Groß und Klein.

Besonders reizvoll als Abschluss des Cafébesuches ist ein Spaziergang am Plöner See, denn die alte Schlossgärtnerei hat einen eigenen Zugang, und eine Wanderung am Ufer bleibt allen Gästen unvergesslich.

Alte Schlossgärtnerei – ein Geheimtipp, den man sich nicht entgehen lassen sollte.

Verwunschener Garten der Schlossgärtnerei mit dem Plöner Schloss im Hintergrund.

*Zitronen-
Ingwer-Kuchen
im Weckglas*

Zitronen-Ingwer-Kuchen im Weckglas

ca. 7 Gläser (à 250 ml)

250 g Margarine
250 g Zucker
4 Eier
400 g Mehl
1 Pck. Backpulver
200 g frischer od. eingelegter Ingwer, gehackt
Schale und Saft von 1 Zitrone (unbehandelt)

Margarine und Zucker schaumig schlagen. Eier, Mehl, Backpulver, Ingwer, Zitronenschale und -saft hinzufügen und zusammenrühren.

Sirup:

Saft von 1 Zitrone
1 EL Zucker
1 Zitrone in Scheiben geschnitten (unbehandelt)

Zitronensaft und Zucker miteinander verrühren und als Sirup in die Gläser träufeln. Je 1 Zitronenscheibe auf den Sirup legen. Ca. 150 g Teig daraufgeben. Gläser verschließen und im Backofen bei 150 °C Umluft ca. 35 Minuten backen. Zum Servieren stürzen. Der Kuchen hält sich im Glas ca. 2 Wochen.

Tipp:
Frischer Ingwer lässt sich sehr gut in der Küchenmaschine raspeln.

Grüner Smoothie

1 Person

1 kl. reife Banane
1 reife Birne
1 Handvoll Wildkräuter der Saison
(z. B. Brennnessel, Spitzwegerich, Löwenzahn, Vogelmiere)
1 Handvoll Feldsalat
125 ml Orangensaft, frisch gepresst
50 ml Möhrensaft
½ TL Kurkuma
½ TL Distelöl

Alle Zutaten in einen Mixer geben und auf höchster Stufe ca. 1 Minute mixen.
Der Grüne Smoothie ist eine wohlschmeckende Vitaminbombe, reich an Mineralien und pflanzlichen Sekundärstoffen.

Schlossgespenst

1 l Wasser
10 große Holunderblüten
500 g Zucker
Wodka

Zucker im Wasser verrühren. Holunderblüten ausschütteln, ins Zuckerwasser geben und zwei Tage darin hängen lassen. Anschließend durch ein Sieb gießen.
Flüssigkeit mit der gleichen Menge Wodka aufgießen.

Tipp:

Kräutertees lassen sich auch zubereiten als ANIS-MISCHUNG mit Lakritz-Tagetes, Anis-Ysop und Fenchel oder als MEDITERRANE MISCHUNG mit Rosmarin, Thymian und einem Hauch Lavendel.

Tee-Variationen aus der Schlossgärtnerei

Zitronenverbene-Tee

1 l Wasser
2 Zweige frische Zitronenverbene
oder
2 TL getrocknete Zitronenverbene

Kräuter mit 1 l kochendem Wasser aufgießen und 5–10 Minuten ziehen lassen.

Brombeer-Rosmarin-Schnitte

Biskuit:

4 Eier
4 EL Wasser
150 g Zucker
200 g Mehl
1 TL Backpulver
1 EL frischer Rosmarin, gehackt

Eier und Wasser schaumig schlagen. Zucker hinzugeben. Mehl, Backpulver und Rosmarin unterheben. Teig auf eine mit Backpapier belegte Fettpfanne streichen. Im Backofen bei 170 °C Umluft ca. 20 Minuten backen. Anschließend auf ein gezuckertes Küchenhandtuch stürzen und auskühlen lassen. Längs in drei gleiche Teile schneiden.

Füllung:

400 g Brombeermarmelade
2–3 Stück Vollmilch-Kuvertüre
1000 ml Schlagsahne, geschlagen

frische Brombeeren und Lavendelblüten für die Garnitur

Zwei Teigstreifen mit Brombeermarmelade bestreichen. Kuvertüre im Wasserbad schmelzen und dünn auf der Brombeermarmelade verstreichen. Anschließend eine Schicht Sahne daraufgeben und die Böden aufeinandersetzen. Den dritten Boden als Deckel darauflegen. Etwas Marmelade unter die restliche Sahne rühren und den Tortenblock damit einkleiden. Nach Belieben mit frischen Brombeeren und Lavendelblüten verzieren.

Würziger Apfel-Zitronenthymian-Kuchen

300 g Margarine
300 g Zucker
2 geh. TL Ingwer, gemahlen
2 Prisen Salz
¼ TL gem. Bourbon-Vanille
6 Eier
500 g Mehl
1 Pck. Backpulver
1 geh. EL Zitronenthymian, gehackt
1 kg Äpfel

Margarine, Zucker, Ingwer, Salz und Bourbon-Vanille schaumig schlagen. Eier hinzufügen. Mehl, Backpulver und Zitronenthymian unterrühren. Den Teig auf ein mit Backpapier ausgelegtes Blech (Fettpfanne) streichen. Äpfel schälen, entkernen, würfeln und auf dem Teig verteilen. Im Backofen bei 170 °C Umluft ca. 30–35 Minuten backen. Anschließend auskühlen lassen und lauwarm mit geschlagener Sahne servieren.

Hoyerswort

Kaminzimmer, in dem früher Bankette und Feiern zelebriert wurden. Hier befindet sich auch der berühmte Blutfleck an der Wand.

Ein Ausflugsziel ganz besonderer Art ist das Herrenhaus Hoyerswort auf Eiderstedt nahe der Bundesstraße 5. Die Abfahrt Oldenswort ist nicht zu übersehen. Ob auf einer Fahrradtour oder einem Ausflug mit dem Pkw, hier finden Sie ein vielseitiges Museum, eine Töpferausstellung des bekannten Künstlers Alfred Jordy und ein Café mit 26 Plätzen im Herrenhaus sowie einen Kaffeegarten davor.

Der dekorierte fürstliche holsteinische Rat Caspar Hoyer erhielt die landwirtschaftlichen Flächen von 200 ha als Geschenk für seine Verdienste und erbaute diese architektonische Attraktion um 1580, also noch vor dem 30-jährigen Krieg. Im Laufe der Geschichte wechselten die Eigentümer. Darunter war auch die legendäre Herzogin und Prinzessin Augusta, die durch viele Aktionen in die Geschichte Schleswig-Holsteins einging. Schließlich erwarb die Familie Hamkens das Anwesen, vererbte es von Generation zu Generation, bis sie es 2010 verkaufte. Neue und gegenwärtige Eigentümer wurden der bekannte Alfred Jordy und seine Tochter Anna. Mit der Firma Marschtöpferei GmbH zogen sie dort ein, um den Kunstwerken des neuen Hausherrn eine ideale Ausstellungsplattform zu geben. In erster Linie handelt es sich um fantasievoll gestaltete Wandfliesen in holländischer Tradition. Die Familie Hamkens veräußerte aber auch viel Historisches wie alte Uniformen, eine kostbare Bibliothek, antike Möbel und Gerätschaften mit, so dass sich der Gedanke an ein Museum entwickelte. Nach Historie und Kunstgenuss wollte man den Gästen auch die Möglichkeit der Entspannung und Muße bieten zur Stärkung und Erholung.

Es entstand also ein gemütliches Café, in dem sich Tochter Anna entfaltet. Schon als Kunststudentin sammelte sie in der Gastronomie und als Streetworker Erfahrungen im Umgang mit unterschiedlichen Menschen.

Innenraum des Cafés.

Die Auswahl an Torten, Kuchen, Gebäck usw. ist wahrlich groß. Das Highlight ist die Hoyersworter Mandel-Apfel-Tarte. Die Idee entstand aus dem Erbe einer riesigen Apfelplantage hinterm Haus. Tonnenweise werden hier jedes Jahr Äpfel geerntet, und Anna macht daraus unter anderem ihre Apfeltortenkreationen. Nicht unerwähnt bleiben dürfen ihre Tiramisu-Torte und ihre sehr schmackhafte Himbeer-Frischkäse-Tarte. Ganz besonders hervorzuheben sind ihre Mandelkekse, ein Hochgenuss, der süchtig macht. Für Gäste, die es etwas herzhafter mögen, backt Anna das sehr schmackhafte Töpferbrot.

Ungewöhnlich in dieser Region ist, dass das Haus ganzjährig, außer montags, von 11:00–18:00 Uhr geöffnet ist. Die Jordys sind nette, gastfreundliche Leute, die es ihren Gästen jederzeit gemütlich machen. Dieses kann man noch ausgiebiger genießen, wenn man eines der vier Appartements mietet und dort übernachtet oder seine Ferien verbringt – inmitten dieses wundervollen Herrenhauses und der es umgebenden, weiten Marschenlandschaft. Unbedingt erwähnenswert ist der benachbarte Haubarg, ein reetgedecktes Wirtschaftsgebäude im Eiderstedter Stil, das geschichtlich gesehen, wie der Name schon sagt, zum Bergen und Lagern von Heu entstanden ist und sich wegen der großen Fruchtbarkeit des Landes zu einem gewaltigen bäuerlichen Gebäude entwickelt hat.

Hoyerswort ist wegen seiner geografischen Einmaligkeit und seiner lukullischen Genüsse auf jeden Fall ein sehr reizvolles Ausflugsziel.

Eingangshalle mit Wappentafel aus dem Jahre 1780.

Hoyersworter Apfel-Mandel-Tarte

Hoyersworter Apfel-Mandel-Tarte

MÜRBETEIG:
250 g Dinkelvollkornmehl
125 g kalte Butter
50 g Zucker
etwas kaltes Wasser

Aus Mehl, kalter Butter, Zucker und etwas kaltem Wasser einen Mürbeteig bereiten und ½ Stunde in den Kühlschrank stellen.

FÜLLUNG:
200 g ganze ungeschälte Mandeln
125 g Butter
50 g Zucker
1 Pck. Vanille-Back
1 Schuss Amaretto
3 Eier
1 Becher Schmand

Mandeln fein mahlen, leicht anrösten und beiseite stellen.
Butter, Zucker und Vanille-Back schaumig rühren. Amaretto, Eier und Schmand nacheinander dazugeben und schaumig schlagen. Zuletzt die Mandeln hinzugeben.

BELAG:
6 gr. Äpfel
100 g Mandelblättchen
etwas Butter, Zucker und Zimt

Äpfel schälen und in 2 cm dicke Spalten schneiden. Mandelblättchen in etwas Butter, Zucker und Zimt anrösten.
Mürbeteig zwischen Klarsichtfolie ausrollen, in eine 32-cm-Tarteform geben und mit einer Gabel mehrmals einstechen.
Füllung auf den Teig streichen, Äpfel fächerförmig darauflegen und erst mit etwas Zucker und Zimt und dann mit den gerösteten Mandelblättchen bestreuen. Im vorgeheizten Backofen bei 180 °C 30 Minuten backen.

Mandelkekse

250 g Dinkelvollkornmehl
180 g Zucker
1 TL Backpulver
1 Prise Salz
1 Pck. Vanillezucker
je 1 Msp. gem. Kardamom, Zimt,
Nelken, Anis
2 Eier
3 EL Amaretto
25 g Butter
400 g ganze Mandeln

Mehl, Zucker, Backpulver, Salz und die Gewürze in einer großen Schüssel miteinander vermengen und mit dem Handrührgerät Eier, Amaretto und Butter unterkneten. Zuletzt die Mandeln hinzufügen und den Teig 30 Minuten kalt stellen.
Den Teig mit feuchten Händen in 3–5 Portionen teilen und als Rollen nebeneinander auf ein mit Backpapier ausgelegtes Backblech legen.

Im vorgeheizten Backofen bei 200 °C 15–20 Minuten vorbacken.
Anschließend die Brote abkühlen lassen und schräg in 1 cm dicke Scheiben schneiden. Die Scheiben auf die Schnittfläche nebeneinander auf das Backpapier legen und nochmals bei 180 °C ca. 10–12 Minuten backen.

Windbeutel mit Erdbeersahne

BRANDTEIG:

250 ml Wasser
60 g Butter
1 Prise Salz
150 g Dinkelvollkornmehl
5 Eier
1 TL Backpulver

Wasser, Butter und Salz in einem Kochtopf zum Kochen bringen. Den Topf vom Herd nehmen, das Mehl auf einmal hineinschütten und mit dem Knethaken des Rührgerätes zu einem glatten Teig verarbeiten. Topf dann erneut auf die noch warme Herdplatte stellen und so lange rühren, bis sich der Teig als Kloß vom Topfboden löst. Topf vom Herd nehmen und ein Ei nach dem anderen unter die heiße Masse rühren. Zuletzt das Backpulver hinzufügen.
Anschließend mit einem Teelöffel ca. 9 Teighäufchen auf ein mit Backpapier ausgelegtes Backblech setzen und im vorgeheizten Backofen bei 200 °C 25 Minuten backen. Danach die warmen Windbeutel aufschneiden und erkalten lassen.

FÜLLUNG:

400 ml Schlagsahne
2 Pck. Vanillezucker
500 g frische Erdbeeren

Puderzucker zum Bestäuben

Sahne mit dem Vanillezucker sehr steif schlagen. Erdbeeren waschen, putzen, vierteln und unter die Sahne heben.
Die Füllung auf die untere Hälfte der Windbeutel geben, die obere Hälfte daraufsetzen und mit Puderzucker bestäuben.

Tiramisu-Torte

Mürbeteig:

200 g Dinkelvollkornmehl
100 g kalte Butter
50 g Zucker

Espresso- und Kakaopulver zum Bestreichen

Aus Mehl, kalter Butter und Zucker einen Mürbeteig bereiten und ½ Stunde in den Kühlschrank stellen.
Teig zwischen Klarsichtfolie auf 30 cm ausrollen, auf ein mit Backpapier belegtes Backblech geben und mit einer Gabel mehrmals einstechen.
Im vorgeheizten Backofen bei 180 °C 12 Minuten backen.

Biskuit:

7 Eier
150 g Zucker
1 Pck. Vanillezucker
150 g Dinkelvollkornmehl

Espresso zum Beträufeln

Eier in einer Schüssel sehr schaumig schlagen. Zucker und Vanillezucker nach und nach einrieseln lassen und noch weitere 3 Minuten kräftig rühren. Mehl durch ein Sieb zu dem Eischaum geben und vorsichtig mit einem Schneebesen unterheben. Den Teig in eine 28-cm-Springform geben und im vorgeheizten Backofen bei 200 °C 20 Minuten backen. Anschließend den Boden umgedreht auf einem Kuchengitter in der Springform auskühlen lassen. Danach waagerecht in zwei Böden teilen.

Creme:

400 ml Schlagsahne
1 kg Mascarpone
1 Pck. Vanille-Back
100 g Zucker
8 cl Amaretto

Kakaopulver zum Bestäuben

Sahne sehr steif schlagen und mit den restlichen Zutaten verrühren.

Fertigstellung:

Mürbeteigboden mit einer Mischung aus Espresso- und Kakaopulver dick bestreichen und mit einem Tortenring umlegen. Eine dünne Schicht der Creme auf dem Boden verteilen und den ersten Biskuitboden darauflegen. Den Biskuit mit Espresso beträufeln und mit einer dicken Cremeschicht abdecken. Mit dem zweiten Boden genauso verfahren. Die letzte Cremeschicht glattstreichen und mit Kakaopulver reichlich bestäuben.
Die Torte über Nacht ziehen lassen und kalt servieren.

Himbeer-Frischkäse-Tarte

TIPP:
Der Fruchtspiegel lässt sich auch aus anderen Früchten wie Pfirsichen oder Aprikosen zubereiten. Mit den Früchten genauso verfahren, wie beschrieben.

MÜRBETEIG:

200 g Dinkelvollkornmehl
100 g kalte Butter
75 g Zucker
50 g Kakaopulver
etwas kaltes Wasser

Aus Mehl, kalter Butter, Zucker, Kakao und etwas kaltem Wasser einen Mürbeteig bereiten und ½ Stunde in den Kühlschrank stellen. Anschließend zwischen Klarsichtfolie auf 30 cm ausrollen, auf ein mit Backpapier belegtes Backblech geben und mit einer Gabel mehrmals einstechen. Danach im vorgeheizten Backofen bei 180 °C 12 Minuten backen.

FRISCHKÄSECREME:

900 g Frischkäse
450 g Joghurt
120 g Zucker
1 Pck. Citro-Back
1 Spritzer Zitronensaft

Für die Frischkäsecreme alle Zutaten miteinander verrühren.
Einen Tortenring um den abgekühlten Boden legen, die Creme einfüllen und kalt stellen.

FRUCHTSPIEGEL:

500 g TK-Himbeeren
50 g Zucker
1 Pck. Agar-Agar (pflanzliches Geliermittel)

Himbeeren in einem Topf auftauen, pürieren, mit Zucker abschmecken und mit dem Agar-Agar-Pulver zum Kochen bringen. Zwei Minuten köcheln lassen, etwas abkühlen lassen und vorsichtig mit einer Suppenkelle auf die Creme im Tortenring füllen. Anschließend im Kühlschrank auskühlen lassen und kühl servieren.

Rosenhof Kruse

Außenansicht mit Wintergarten.

Mitten im Rosenzuchtgebiet Uetersen-Tornesch liegt die Gemeinde Heidgraben. Hier entdeckten wir das Café „Rosenhof Kruse“, einen ehemaligen Bauernhof, der seit Generationen in der Hand von Familie Kruse liegt, 18 km nördlich Hamburgs, gut zu erreichen über die A 23, Abfahrt Tornesch und die B 431.

In den 90er Jahren begann die Familie den Hof umzustellen und ihre privaten Interessen und Hobbys zum Beruf zu machen. Die Chefin Evelyn Kruse hatte schon immer ein Faible für skandinavische Accessoires und Kleidung. Ihr Ehemann Hans-Peter ist gelernter Gärtnermeister und liebt die Rosenzucht. Sein zweites Hobby – man höre und staune – ist das Kuchenbacken. Im Laufe der Jahre ist somit das sehr schöne und urige Café Rosenhof mit 65 Innenplätzen, 75 Außenplätzen, mit einer Geschenkediele, einem Hofladen und einer vielfältigen Rosenzucht entstanden, die den Besucher mit ihrem wunderbaren Duft schon von weitem begrüßt.

Das Geschäft der Kruses ruht auf drei Säulen: dem Café, der Geschenkediele und dem Hofladen.

Das Café ist täglich außer montags geöffnet und bietet viele Torten und Kuchen wie die Apfel-Sahne-Baiser-Torte, Tante Lottis Schmandtorte oder Oma Gerdas Butterkuchen an. Auch Deftiges wie Käse-, Salami- und Schinkenbrote runden das Angebot ab. Die Räumlichkeiten bieten zudem ausreichend Platz für Familienfeiern.

In der Geschenkediele entfaltet sich die charmante und beliebte Chefin Evelyn Kruse. Die hier angebotenen Kleidungsstücke sind von erlesenem Geschmack und die Dekorationsangebote vielfältig und geschmackvoll.

Der Hofladen bietet in erster Linie Produkte aus Lammfleisch an. Der ehemalige Bauer Hans-

Rosenduft zur Begrüßung.

Alte Kaffeestube.

Peter Kruse hält eigens eine Schafherde, deren Fleisch durch die ungedüngten Weiden rund ums Haus einen ganz eigenen speziellen Geschmack hat. Weitere Produkte aus der Region und gediegene Weine runden das Angebot ab.
„Meine ganz große Leidenschaft aber ist die Rose, die mich schon mein ganzes Leben lang begleitet." Dies ist auf dem Rosenhof Kruse wahrlich nicht zu übersehen. Wo man auch hinschaut, findet man Rosen aller Art.
Dies alles war nur zu schaffen durch den beispielhaften Zusammenhalt der Familie, allen voran Großvater Hermann, 85 Jahre, weiterhin seine Frau Gerda, 83 Jahre, die die leckersten alten Rezepte in das Café einbringt (Spezialität Frankfurter Kranz und Bienenstich). Die Verantwortung trägt natürlich des Ehepaar Evelyn und Hans-Peter Kruse, das aber tatkräftig von den beiden Söhnen Niki und Tim unterstützt wird.
Also nichts wie hin zum „Rosenhof Kruse".

Geschenkediele.

Wintergarten im Rosenhof Kruse: Birne-Joghurt-Torte, Quarktorte Schwarzwälder Art, Mandarinen-Joghurt-Torte.

Birne-Joghurt-Torte

Biskuit:

2 Eier
50 g Zucker
1 Pck. Vanillezucker
1 Prise Salz
80 g gemahlene Mandeln

Eier trennen, Eiweiß steif schlagen. Zucker, Vanillezucker und Salz einrieseln. Eigelb unterschlagen. Mandeln unterziehen. Teig in eine mit Backpapier ausgelegte 28-cm-Springform füllen und im vorgeheizten Backofen bei 175 °C 20 Minuten backen. Aus der Form lösen, auskühlen lassen. Mit einem Backring umlegen.

Füllung:

12 Blatt Gelatine, weiß
900 g Vollmilch-Joghurt
100 g Zucker
abgeriebene Schale von 3 Limetten (unbehandelt)
1 Dose Birnen (460 g Abtropfgewicht)
500 ml Schlagsahne, geschlagen
1 Glas Preiselbeeren (450 g)

6 Blatt Gelatine einweichen, ausdrücken und auflösen. 450 g Joghurt, 50 g Zucker und die Limettenschale miteinander verrühren. Gelatine unter die Creme rühren. Birnen abtropfen und auf dem Boden verteilen. 250 g Sahne unter die Creme ziehen und auf die Birnen geben. Eine Stunde kühl stellen.
Restlichen Zucker mit den Preiselbeeren verrühren. 6 Blatt Gelatine eingeweicht, ausgedrückt und aufgelöst unter die Preiselbeeren rühren. 450 g Joghurt und die restliche Sahne unterheben, auf die Joghurt-Limetten-Schicht geben und glattstreichen. 2–3 Stunden in die Kühlung stellen. Nach Geschmack verzieren.

Mandarinen-Joghurt-Torte

Biskuit:

3 Eier
100 g Zucker
100 g Mehl
½ TL Backpulver
Saft von 1 Orange

Eier trennen. Eiweiß steif schlagen. Zucker einrieseln. Eigelb unterrühren. Mehl mit Backpulver vermischen, darübersieben und unter die Eimasse heben. Teig in eine 28-cm-Springform füllen, im vorgeheizten Backofen bei 175 °C 15 Minuten backen. Auskühlen lassen, mit Orangensaft beträufeln.

Füllung:

2 Dosen Mandarinen (à 175 g Abtropfgewicht)
100 g Zucker
500 g Vollmilch-Joghurt
abgeriebene Schale 1 Orange (unbehandelt)
500 ml Schlagsahne, geschlagen
10 Blatt Gelatine, weiß

Abgetropfte Mandarinen mit Zucker, Joghurt und Orangenschale verrühren. Sahne unterheben. Gelatine zubereiten und unter die Creme rühren. Biskuit auf eine Tortenplatte setzen und mit einem Tortenring umlegen. Füllung auf dem Boden verstreichen und in den Kühlschrank stellen.

Verzierung:

300 ml Schlagsahne
Saft von 2 Orangen
abgeriebene Schale von 1 Orange (unbehandelt)
Zitronenmelisseblättchen

Sahne schlagen, Orangensaft und -schale unterheben. Tortenring entfernen und die Torte mit der Orangen-Sahne bestreichen. Mit Mandarinen und Zitronenmelisse verzieren.

Quarktorte Schwarzwälder Art

BISKUIT:

125 g Butter od. Margarine
125 g Zucker
2 Pck. Vanillezucker
2 Eier
200 g Mehl
1–2 EL Kakaopulver
2 gestr. TL Backpulver
5 EL Schlagsahne

Butter, Zucker und Vanillezucker cremig rühren. Eier einzeln unterrühren. Mehl, Kakao und Backpulver vermischen und im Wechsel mit 5 EL Sahne unterrühren. Teig in eine mit Backpapier ausgelegte 28-cm-Springform füllen und im vorgeheizten Backofen bei 175 °C 20–30 Minuten backen. Boden vom Rand lösen und auskühlen lassen.

FÜLLUNG:

1 Glas Sauerkirschen (370 g Abtropfgewicht)
3 EL Zucker
4 EL Kirschsirup
1 Pck. Vanille-Puddingpulver
5 EL Wasser
400 g Doppelrahmfrischkäse
Saft von 1 Zitrone
125 g Zucker
1 Pck. Vanillezucker
400 g Vollmilch-Joghurt
6 Blatt Gelatine, weiß
200 ml Schlagsahne

Kirschen abtropfen lassen und den Saft auffangen. Kirschsaft, 3 EL Zucker und Kirschsirup aufkochen. Vanillepudding mit Wasser glattrühren. Kirschsaft damit binden, Kirschen hinzugeben und unter gelegentlichem Rühren abkühlen lassen.
Doppelrahmfrischkäse, Zitronensaft, Zucker, Vanillezucker und Joghurt miteinander verrühren. Gelatine nach Packungsanweisung einweichen, ausdrücken, auflösen und unter die Creme rühren. Sahne schlagen und unter die Masse heben. Biskuitboden auf eine Tortenplatte setzen und mit einem Tortenring umlegen. Die Hälfte der Creme und Kirschen darauf geben und mit einer Gabel marmorieren (vorsichtig vermischen). Restliche Creme und Kirschen darauffüllen, nochmals marmorieren und die Torte ca. 4 Stunden in den Kühlschrank stellen.

Apfeltorte mit Baiser

BISKUIT:

100 g weiche Butter
100 g Zucker
2 Pck. Vanillezucker
3 Eigelb
75 ml Milch
125 g Mehl
2 TL Backpulver
3 Eiweiß
1 Prise Salz
150 g Zucker
15 g Mandelblättchen
1 EL Puderzucker

Butter, Zucker und Vanillezucker cremig rühren. Eigelb im Wechsel mit der Milch einzeln unterrühren. Mehl und Backpulver vermischen, darübersieben und unterheben. Teig in eine mit Backpapier ausgelegte 28-cm-Springform füllen. Eiweiß mit einer Prise Salz steif schlagen, dabei den Zucker einrieseln lassen. Baisermasse locker auf den Teig streichen und rundherum einen 1 cm breiten Rand lassen. Baiser mit Mandelblättchen und Puderzucker bestreuen.
Im vorgeheizten Backofen bei 175 °C 30 Minuten backen. Anschließend aus dem Ofen nehmen, Ring entfernen und auskühlen lassen. Biskuitboden auf eine Tortenplatte setzen und einmal waagerecht durchschneiden. Den unteren Boden mit einem Tortenring umlegen.

FÜLLUNG:

600 g Äpfel
350 ml Apfelsaft
2 Pck. Vanillezucker
50 g Zucker
1 Pck. Vanille-Puddingpulver
500 ml Schlagsahne
2 Pck. Vanillezucker
Puderzucker

Äpfel schälen, vierteln, entkernen und würfeln. 300 ml Apfelsaft, Äpfel, 2 Pck. Vanillezucker und Zucker aufkochen und zugedeckt 6–8 Minuten köcheln lassen. Puddingpulver mit 50 ml Apfelsaft glattrühren. Äpfel nochmals aufkochen lassen. Puddingpulver einrühren, aufkochen und ca. 1 Minute köcheln lassen. Äpfel gleichmäßig auf dem Tortenboden verteilen und auskühlen lassen.
Sahne schlagen und mit 2 Pck.Vanillezucker süßen. Anschließend auf die ausgekühlten Äpfel streichen und den Baiserdeckel daraufsetzen. Mit Puderzucker bestäuben.

Bienenstich

TEIG:
4 Eier
1 Prise Salz
180 g Zucker
125 g Mehl
1 TL Backpulver

BELAG:
50 g Butter
80 g Mandelblättchen
80 g Vanillezucker

FÜLLUNG:
500 ml Schlagsahne
1 Pck. Paradiescreme

Eier trennen. Eiweiß mit einer Prise Salz steif schlagen. Zucker einrieseln lassen. Eigelb nach und nach unterheben. Mehl und Backpulver vermischen, darübersieben und unterrühren. Teig in eine mit Backpapier ausgelegte 28-cm-Springform füllen und im vorgeheizten Backofen bei 175 °C 12 Minuten backen.
Butter, Mandeln und Vanillezucker in einem Topf leicht karamellisieren lassen und auf dem Boden verteilen. Weitere 12 Minuten bei 175 °C fertigbacken. Danach gut auskühlen lassen. Sahne aufschlagen, Paradiescreme hinzufügen und ca. 2 Minuten auf höchster Stufe steif schlagen. Boden einmal waagerecht durchschneiden und mit der Creme füllen.

Buchweizen-Preiselbeer-Torte

TEIG:

5 Eier
150 g Zucker
1 Pck. Vanillezucker
1 Prise Salz
150 g Buchweizenmehl
50 g Kartoffelmehl
1 TL Backpulver

Eier trennen. Eiweiß, Zucker, Vanillezucker und Salz steif schlagen. Eigelb nach und nach vorsichtig unterrühren. Buchweizen-, Kartoffelmehl und Backpulver unterheben. Teig in eine mit Backpapier ausgelegte 28-cm-Springform füllen und im vorgeheizten Backofen 30 Minuten backen. Danach aus der Form lösen und auskühlen lassen. Tortenboden auf eine Tortenplatte setzen, zweimal waagerecht durchschneiden. Den unteren Boden mit einem Tortenring umlegen.

FÜLLUNG:

600 ml Schlagsahne
1 Glas Wildpreiselbeeren (450 g)
Zartbitter-Schokostreusel für die Garnitur

Sahne steif schlagen. Wildpreiselbeeren auf dem unteren und mittleren Boden verstreichen, mit einer Schicht Sahne bedecken und aufeinanderlegen. Den oberen Boden als Deckel darauflegen und die Torte mit der restlichen Sahne und Schokostreusel garnieren.

Frankfurter Kranz

Teig:

100 g Butter
150 g Zucker
4 Eigelb
1 EL Zitronensaft
abgeriebene Schale 1 Zitrone (unbehandelt)
4 EL Milch
50 g Mehl
150 g Weizenin
1 TL Backpulver
4 Eiweiß, steif geschlagen
Fett für die Form

Butter, Zucker, Eigelb, Zitronensaft und -schale schaumig rühren. Milch hinzugeben. Mehl, Weizenin und Backpulver vermischen, darübersieben und unterrühren. Den Eischnee vorsichtig unterheben. Eine 26-cm-Kranzform mit Fett ausstreichen, Teig hineinfüllen und im vorgeheizten Backofen bei 175 °C 60 Minuten backen. Kuchen erkalten lassen und zweimal waagerecht durchschneiden.

Creme:

250 g Butter
750 ml Milch
2 Pck. Vanille-Puddingpulver
200 g Zucker
1 Pck. Vanillezucker
125 g Kokosraspel

Butter schaumig rühren. 4 EL Milch mit dem Puddingpulver, Zucker und Vanillezucker verrühren. Restliche Milch zum Kochen bringen. Das angerührte Puddingpulver hineingießen und unter Rühren mehrmals aufkochen lassen. Pudding vom Herd nehmen und unter Rühren erkalten lassen. Wenn Pudding und Butter die gleiche Temperatur haben, den Pudding löffelweise unter die Butter rühren.
Creme auf den Kuchenschichten verstreichen und den Kranz zusammensetzen. Von außen mit der restlichen Creme überziehen und die Kokosraspel darauf verteilen. Mit etwas zurückbehaltener Creme Rosetten auf den Kranz spritzen und in jede eine Cocktailkirsche setzen.

Friesischer Streuselkuchen

Streuselteig:

125 g Mehl
50 g Zucker
1 Pck. Vanillezucker
75 g Margarine

Alle Zutaten zu Streusel verarbeiten und kühl stellen.

Rührteig:

100 g Margarine
90 g Zucker
1 Pck. Vanillezucker
1 Prise Salz
2 Eier
185 g Mehl
7 g Backpulver
3 EL Milch
Fett für die Form

Margarine, Zucker, Vanillezucker und Salz miteinander verrühren. Eier einzeln unterrühren. Mehl und Backpulver vermischen und im Wechsel mit der Milch unterrühren. Teig anschließend in eine ausgefettete 30-cm-Springform füllen.

Füllung:

40 g Margarine
50 g Zucker
3 Eier
250 g Quark
125 g Schmand
20 g Vanille-Puddingpulver
1 Glas Pflaumenmus (450 g)

Margarine und Zucker cremig rühren. Eier einzeln unterrühren. Quark, Schmand und Puddingpulver unterheben und verrühren.
Pflaumenmus auf den Rührteig streichen. Quark-Schmand-Creme darauf verteilen und den Streusel darübergeben. Im vorgeheizten Backofen bei 175 °C ca. 40–50 Minuten backen, danach auskühlen lassen.

Oma Gerdas Butterkuchen

100 g Butter
250 ml Milch
½ TL Salz
50 g Mehl
1 Würfel Hefe
100 g Zucker
abgeriebene Schale von 1 Zitrone (unbehandelt)
100 g Rosinen
1 Ei
Fett für das Blech

BELAG:

100 g Butter
100 g Mandelblättchen

GUSS:

200 g Puderzucker
4 EL Wasser

Butter und Milch in einem Topf leicht erwärmen, anschließend in eine Schüssel geben. Alle weiteren Zutaten nach und nach hinzutun und verrühren. Teig an einem warmen Ort gehenlassen, bis er sich verdoppelt hat. Anschließend auf ein gefettetes Backblech streichen und weitere ca. 15 Minuten ruhen lassen. Butter in Flöckchen daraufsetzen, mit Mandelblättchen bestreuen und im vorgeheizten Backofen bei 200 °C 12–15 Minuten backen. Kuchen gut auskühlen lassen. Puderzucker mit Wasser verrühren und als Guss auf dem Butterkuchen verstreichen.

Tante Lottis Schmandtorte

TEIG:

75 g Margarine
75 g Zucker
1 Pck. Vanillezucker
1 Prise Salz
1 Ei
180–200 g Mehl
1 Pck. Backpulver
Fett für die Form

Margarine, Zucker, Vanillezucker, Salz und Ei miteinander verrühren. Mehl und Backpulver vermischen, darübersieben und zu einem festen Teig verrühren. Anschließend in eine ausgefettete 28-cm-Springform geben und den Rand hochziehen. Die Schmand-Pudding-Creme darauffüllen und im vorgeheizten Backofen bei 120 °C 80 Minuten backen. Danach mindestens 3–4 Stunden auskühlen lassen. Torte aus der Form lösen. Am besten die Torte am Vortag zubereiten und den Tortenguss erst am nächsten Tag auftragen.

FÜLLUNG:

½ l Vollmilch
200 g Zucker
2 Pck. Vanille-Puddingpulver
800 g Schmand
2 Dosen Mandarinen (à 175 g Abtropfgewicht)

1 Pck. Tortenguss, weiß

Milch und Zucker aufkochen. Puddingpulver mit etwas Milch glattrühren, in die heiße Milch geben und kurz aufkochen. Etwas abkühlen lassen. Schmand und abgetropfte Mandarinen unterheben.

Café Schleusen-Garten

Café Schleusen-Garten

Vor den Toren Kiels, direkt am Alten Eider-Kanal, finden wir das Café Schleusen-Garten. Für die Besitzer Angelika Balleng und Dirk Engelhardt war die romantische Lage ausschlaggebend, gerade hier am Eider-Kanal ein Café zu eröffnen. Geschichtlich Interessantes findet der Ausflügler hier vielfach vor, und so ist eine Fahrradtour durch den Dänischen Wohld, eine Wanderung durch die Hügellandschaft oder eine Autospritztour zum Café Schleusen-Garten immer ein Erlebnis.

Der gelernte Bäcker und Koch, der einige Jahre auf den Meeren der Welt unterwegs war, entdeckte bei einer Fahrradtour dieses Restaurant und verliebte sich beim Genuss eines Bieres in das Haus und die herrliche Umgebung. Mit seiner Lebensgefährtin Angelika Balleng konnte er wenig später dieses Haus übernehmen und so zu einem Café-Restaurant umgestalten, wie es sich heute in seiner ganzen stilvollen Gemütlichkeit darstellt. Frau Balleng hatte das Hotelfach erlernt und träumte immer von einem eigenen Café. Hier am Alten Eider-Kanal konnten die beiden ihren Traum verwirklichen.

Seit 1784 gab es bereits diese Wasser-Verbindung zwischen Nord- und Ostsee, um den beschwerlichen und oft auch gefährlichen Weg um Jütland abzukürzen. Um den unterschiedlichen Wasserstand auszugleichen, wurde hier die Rathmannsdorfer Schleuse gebaut, deren Restgemäuer zu besichtigen sind. Zur Zeit Kaiser Wilhelm I. erkannte man dann in den 1880er Jahren die Notwendigkeit eines neuen, nach Brunsbüttel führenden Kanals, der die Rathmannsdorfer Schleuse „links liegen“ ließ und sie zum idyllischen Platz machte, den wir heute um das Schleusencafé herum vorfinden.

Das Café besteht aus einem großen, geschmack-

Innenraum des Cafés mit einer kleinen Kuchenauswahl: Erdbeer-Panna-cotta-Torte, Philadelphia-Kirsch-Torte und Rhabarber-Streusel-Kuchen.

Impressionen am Alten Eider-Kanal.

voll eingerichteten Raum. Die hohen Fenster lassen viel Sonnenlicht hinein, und etwa 40 Gäste finden hier Platz. Auf der großen überdachten Terrasse und im anschließenden Garten finden weitere 60 Gäste Platz. Sie werden von dem Gastgeberpaar nach allen Regeln der Kunst mit Torten und Kuchen verwöhnt. In Personalunion zaubert Dirk Engelhardt in seiner Profi-Küche Speisen aus Zutaten der heimischen Umgebung. Verwöhnen und Genießen werden hier ganz groß geschrieben, und die Gäste kommen immer wieder gerne. Auch Gesellschaften finden hier den richtigen Rahmen: Nach individueller Beratung durch die Hotelfachfrau Angelika Balleng weiß man sofort, dass Geschäftsessen, Jubiläen, Konfirmationen, runde Geburtstage und Hochzeiten zu gelungenen Highlights der betreffenden Familien oder Firmen werden. Keine Frage, all dieses erfordert einen großen Arbeitsaufwand, bei dem die ganze Familie mit anpacken muss. Mutter Dörte Wenck, die eigentlich für die Bilder im Hause zuständig ist und diese auch in Ausstellungen verkauft, ist ein wahres Multitalent. Sie nähte zum Beispiel die Vorhänge und Tischdecken und packt überall mit an. Der Vater ist handwerklich sehr begabt, es gibt immer etwas zu reparieren oder zu erneuern, und so werkelt er bereits an einer Stöberecke, die demnächst eröffnet wird und in der man Mitbringsel, Wohnaccessoires und nicht zuletzt dieses Buch käuflich erwerben kann.

Das Café bietet – wie kann es bei einem gelernten Bäcker anders sein – viele verschiedene Kuchen und Torten. Highlights sind, je nach Jahreszeit, die Heidelbeer-Mascarpone-Torte, aber auch der „Karibische Traum“, die Erdbeer-Panna-cotta-Torte oder auch die Paranuss-Marzipan-Torte, alle vier für sich ein Gaumenschmaus, sodass die Entscheidung schwerfällt. Als Ausflugsziel ist das Café Schleusen-Garten ein Geheimtipp, dessen Gäste kulinarisch auf ihre Kosten kommen und landschaftlich wie kulturell Interessantes vorfinden. Beim Rauschen der Pappeln kommt man auf der Terrasse ins Träumen: Das ist Erholung wie im Bilderbuch.

Die romantische Lage des Cafés direkt am Alten Eider-Kanal ist ein Geheimtipp.

Heidelbeer-Mascarpone-Torte

Heidelbeer-Mascarpone-Torte

BISKUIT:

4 Eier
100 g Zucker
1 Pck. Vanillezucker
70 g Mehl
2 TL Backpulver
2 cl Amaretto
100 g Mandeln, gemahlen
100 g Mandeln, gehackt

6 EL Heidelbeer-Konfitüre

Eier schaumig schlagen. Zucker und Vanillezucker einstreuen. Mehl und Backpulver vermischen, darübersieben und langsam unterrühren. Amaretto und Mandeln unterheben. Teig in eine gefettete, mit Backpapier ausgelegte 28-cm-Springform füllen und im Backofen bei 180 °C 25 Minuten backen. Anschließend gut auskühlen lassen. Danach auf eine Tortenplatte setzen und waagerecht zweimal durchschneiden. Um den unteren Boden einen Tortenring legen und mit der Heidelbeer-Konfitüre bestreichen.

FÜLLUNG:

500 g Heidelbeeren
3 Eigelb
125 g Zucker
1 Prise Zimt
500 g Mascarpone
300 ml Schlagsahne
1 Pck. Sahnesteif
1 Pck. Tortenguss, rot
Minzeblätter
dunkle und helle Kuvertüre, gehackt

Heidelbeeren waschen, verlesen und 250 g pürieren. Eigelb, Zucker und Zimt im Wasserbad aufschlagen. Schüssel vom Herd nehmen und die Mascarpone nach und nach unterrühren. Anschließend abkühlen lassen. Sahne mit Sahnesteif steif schlagen und unterheben. ⅓ der Creme zum Einstreichen der Torte beiseite stellen. Etwas Püree und ganze Beeren zum Verzieren zurückbehalten. Den Rest unter ⅔ der Creme ziehen, auf dem unteren und mittleren Boden verteilen und die drei Böden zu einer Torte zusammensetzen. Die Oberfläche und den Rand mit der hellen Creme einstreichen. Das Püree mit etwas aufgelöstem Tortenguss verrühren. Die Torte mit Püree, Heidelbeeren und Minzeblättchen verzieren. Dunkle und helle Kuvertüre vermischen und an den Tortenrand drücken.

Schleusen-Cocktail

2 GLÄSER

4 cl Aperol
4 cl Ananassaft (100 %)
4 cl Tonic-Wasser

1 Eiswürfel in ein Cocktailglas geben, Aperol und Ananassaft hinzufügen und mit Tonic-Wasser auffüllen.
Mit einer halben Orangenscheibe dekorieren.

Tipp:
100 g Fruchtgrütze (Erdbeer-, Stachelbeer- oder Johannisbeergrütze) auf dem Rhabarber verteilt, macht den Kuchen saftiger, glänzender und geschmackvoller.

Rhabarber-Streusel-Kuchen

Teig:

500 ml Schlagsahne
6 Eier
abgeriebene Schale von 1 Zitrone (unbehandelt)
1 Schuss Rum
200 g Zucker
1 Pck. Vanillezucker
1 Prise Salz
500 g Mehl
1 Pck. Backpulver

1,2 kg Rhabarber, geputzt u. gewürfelt
1 Prise Zimtpulver
Fruchtgrütze nach Belieben

Sahne, Eier, Zitronenschale, Rum, Zucker, Vanillezucker und Salz schaumig schlagen. Mehl und Backpulver vermischen, darübersieben und unterrühren. Teig auf einem ca. 32 x 52 cm Backblech verteilen. Mit Rhabarberstücken belegen und mit etwas Zimt bestreuen.

Streusel:

100 g Butter
100 g Zucker
200 g Mehl

Alle Zutaten in einer Schüssel mit den Händen zu Streusel verarbeiten.
Streusel gleichmäßig darauf verteilen und im Backofen bei 170 °C 30 Minuten backen.

Paranuss-Marzipan-Torte

Biskuit:

4 Eier
4 EL heißes Wasser
180 g Zucker
130 g Mehl
60 g Speisestärke, gesiebt
25 g Kakaopulver, gesiebt
1 TL Backpulver

Eier und Wasser schaumig schlagen. Zucker einstreuen. Mehl, Speisestärke und Backpulver vermischen. Die Hälfte unterrühren, die zweite Hälfte vorsichtig unterheben. Teig in eine gefettete, mit Backpapier ausgelegte 28-cm-Springform füllen und im Backofen bei 180 °C 30 Minuten backen. Anschließend gut auskühlen lassen. Danach auf eine Tortenplatte setzen und waagerecht zweimal durchschneiden. Um den unteren Boden einen Tortenring legen.

Füllung:

250 g Zucker
50 g kalte Butter
200 g Paranusskerne
1 l Schlagsahne, geschlagen
etwas Puderzucker
300 g Marzipan-Rohmasse
50 g dunkle Kuvertüre
50 g helle Kuvertüre

Zucker karamellisieren lassen, vom Herd nehmen und die kalte Butter unterrühren. Nüsse hinzugeben, auf ein Metallblech gießen und abkühlen lassen. Die Masse anschließend in einer Küchenmaschine fein mahlen. ¾ der gemahlenen Nüsse unter die geschlagene Sahne rühren. Den Rest für den Tortenrand beiseite stellen.
Arbeitsfläche mit Puderzucker bestäuben, Marzipan darauf ausrollen und den Deckel mit einem Tortenring ausstechen. Den Rest zu einer Rolle formen und als Tortenfüllung auf den unteren Boden legen. Nuss-Sahne auf dem unteren und mittleren Boden verteilen und die 3 Böden zu einer Torte zusammensetzen. Den oberen Boden mit der Marzipandecke belegen. Kuvertüren getrennt im Wasserbad schmelzen und die Oberfläche damit gitterförmig dekorieren. Nach Belieben die restlichen Nüsse an den Rand drücken.

Tipp:
Wenn man etwas Speiseöl zur Kuvertüre gibt, wird sie etwas flüssiger, glänzender und lässt sich besser verarbeiten.

Erdbeer-Panna-cotta-Torte

Panna cotta
eine Spezialität aus dem Piemont. Übersetzt bedeutet Panna cotta „gekochte Sahne“.

Biskuit:

6 Eier
200 g Zucker
1 Pck. Vanillezucker
100 g Mehl
100 g Speisestärke
1 TL Backpulver

3 EL Erdbeer-Konfitüre

Eier, Zucker und Vanillezucker schaumig rühren. Mehl, Speisestärke und Backpulver vermischen, darübersieben und vorsichtig unterrühren. Teig in eine gefettete, mit Backpapier ausgelegte 28-cm-Springform füllen und im Backofen bei 180 °C 25 Minuten backen. Anschließend gut auskühlen lassen. Danach auf eine Tortenplatte setzen und waagerecht zweimal durchschneiden. Um den unteren Boden einen Tortenring legen und mit Erdbeer-Konfitüre bestreichen.

Erdbeer-Panna-cotta:

18 Blatt Gelatine, weiß
1 l Schlagsahne
100 g Zucker
abgeriebene Schale von 1 Zitrone (unbehandelt)
Mark einer Vanilleschote
500 g Erdbeeren
1 Pck. Tortenguss, rot
Pistazien, gehackt

Gelatine in kaltem Wasser einweichen. Sahne, Zucker, Zitronenschale und Vanillemark zum Kochen bringen. Anschließend den Topf vom Herd nehmen und die ausgedrückte Gelatine unterrühren. Bei Raumtemperatur abkühlen lassen.

Erdbeeren waschen, putzen und ⅓ pürieren. Panna cotta kurz vor dem Stocken glattrühren, teilen und das Erdbeerpüree unter die eine Hälfte heben. Den unteren Boden mit der Creme bestreichen und ca. ⅔ der Erdbeeren (einige für die Dekoration beiseite legen) darauf verteilen. Weiße Creme auf den Erdbeeren verstreichen und mit dem mittleren Boden belegen. Nach Belieben mit weißer oder roter Creme bestreichen. Den dritten Boden als Deckel darauflegen, mit weißer Creme bestreichen und gut durchkühlen lassen. Danach restliches Püree und Erdbeeren auf der Torte verteilen und mit zubereitetem Tortenguss bepinseln. Mit Pistazien bestreuen.

Philadelphia-Kirsch-Torte

Knetteig:

100 g Mehl
75 g Butter
50 g Zucker

2 EL Kirsch-Gelee

Mehl, Butter und Zucker miteinander verkneten, in Klarsichtfolie wickeln und im Kühlschrank 15 Minuten ruhen lassen. Anschließend ausrollen und den Boden einer 28-cm-Springform damit auslegen. Im Backofen bei 190 °C Umluft ca. 10–12 Minuten backen. Auskühlen lassen und mit Kirsch-Gelee bestreichen.

Schokoladen-Rührteig:

3 Eier
60 g Zucker
120 g Mandeln, gemahlen
1 EL Rum
3 EL Eierlikör
1 TL Backpulver
60 g geriebene Schokolade

Eier mit dem Zucker schaumig schlagen. Mandeln, Rum, Eierlikör, Backpulver und Schokolade unterheben. Teig in eine mit Backpapier ausgelegte 28-cm-Springform geben und im Backofen bei 150 °C Umluft 35 Minuten backen. Anschließend auskühlen lassen.

Füllung:

1 Glas Sauerkirschen (370 g Abtropfgewicht)
450 g Philadelphia-Frischkäse
150 g Puderzucker
1 Pck. Citro-Back
600 ml Schlagsahne
2 Pck. Sahnesteif
2 Pck. Tortenguss, rot

Kirschen abtropfen lassen und den Saft auffangen. Frischkäse, Puderzucker und Citro-Back miteinander verrühren. Sahne mit Sahnesteif steif schlagen und unterheben. Den Schokoladenboden auf den mit Kirsch-Gelee bestrichenen Boden setzen und mit einem Tortenring umlegen. Die Hälfte der Füllung darauf verstreichen und mit den abgetropften Kirschen belegen. Restliche Füllung daraufgeben und glattstreichen. Den Kirschsaft auf ½ l Flüssigkeit auffüllen und den Guss nach Packungsanweisung zubereiten. Anschließend den heißen Tortenguss schwungvoll auf die Füllung gießen und gut auskühlen lassen.

Karibischer Traum

BISKUIT:

4 Eier
2 EL Wasser
150 g Zucker
1 Pck. Vanillezucker
120 g Mehl
3 TL Backpulver
100 g Mandeln, gemahlen
100 g zerlassene Butter, abgekühlt

5 EL Pfirsich-Konfitüre

Eier und Wasser schaumig schlagen. Zucker und Vanillezucker einstreuen. Mehl und Backpulver vermischen, darüber sieben und unterrühren. Mandeln unterheben. Zum Schluss die Butter unterrühren. Teig in eine gefettete, mit Backpapier ausgelegte 28-cm-Springform füllen und im Backofen bei 180 °C 30 Minuten backen. Anschließend gut auskühlen lassen. Danach auf eine Tortenplatte setzen und waagerecht zweimal durchschneiden. Um den unteren Boden einen Tortenring legen. Unteren und mittleren Boden mit der Pfirsich-Konfitüre bestreichen.

FÜLLUNG:

5 Blatt Gelatine, weiß
2 Mangos
100 g Kokosflocken
etwas Puderzucker
300 ml Kokosmilch
200 g Joghurt
200 g Vanillepudding
300 ml Schlagsahne, geschlagen
1 Pck. Tortenguss, weiß
etwas rote Fruchtsoße

Gelatine in kaltem Wasser einweichen. Mangos schälen, entkernen und würfeln.

50 g Kokosflocken mit Puderzucker in einer Pfanne ohne Fett leicht anrösten, abkühlen lassen und für den Tortenrand beiseite stellen. Kokosmilch mit 50 g Kokosflocken zum Kochen bringen. Danach vom Herd nehmen und die gut ausgedrückte Gelatine einrühren. Joghurt und Pudding unterrühren, abkühlen lassen und die geschlagene Sahne unterheben.

Die Hälfte der Mangowürfel auf dem unteren und mittleren Boden verteilen und mit der Creme bestreichen. Auf dem oberen Boden ebenfalls eine Schicht Creme verstreichen und die Böden zu einer Torte zusammensetzen. Die Hälfte der verbleibenden Mangowürfel pürieren. Tortenguss nach Packungsanleitung zubereiten, davon etwas unter das Mangopüree rühren. Anschließend kreisrund auf dem obersten Boden in der Mitte verteilen und mit der Fruchtsoße einen Rand drumherumziehen. Für die Verzierung mit einem Zahnstocher Striche von innen nach außen ziehen, so dass eine Sonne entsteht. Restliche Mangowürfel am Rand verteilen und mit Tortenguss bepinseln. Geröstete Kokosflocken an den Rand drücken.

Pflaumen-Quark-Kuchen

mit Mohnstreusel

Teig:

350 g Mehl
2 Msp. Backpulver
1 Ei
120 g Zucker
100 g Butter
1 Pck. Vanillezucker
40 g Mohnsamen
1 EL kalte Milch
Fett für die Form

Mehl und Backpulver vermischen und in eine Rührschüssel geben. Ei, Zucker und Butter hinzufügen und alles zu feinem Streusel verkneten. ⅓ des Teiges mit Vanillezucker und Mohnsamen vermischen und kalt stellen.
Den Rest des Teiges mit der Milch verkneten und die Hälfte auf dem Boden einer eingefetteten 28-cm-Springform ausrollen. Danach den Boden mehrmals mit einer Gabel einstechen, den Springformring anlegen und im vorgeheizten Backofen bei 180 °C Oberhitze ca. 10 Minuten vorbacken. Danach den Boden auskühlen lassen.

Füllung:

60 g weiche Butter
6 Eigelb
150 g Zucker
800 g Speisequark (20 % Fett)
2 Pck. Vanillezucker
60 g Speisestärke, gesiebt
abgeriebene Schale 1 Zitrone (unbehandelt)
6 Eiweiß
1 Prise Salz
350 g Pflaumenmus
Puderzucker zum Bestäuben

Butter, Eigelb, Zucker, Quark, Vanillezucker, Speisestärke und Zitronenschale cremig rühren. Eiweiß mit dem Salz steif schlagen. Die Hälfte des Eischnees unter die Quarkmasse, die zweite Hälfte unter das Pflaumenmus heben.

Den restlichen Teig zu einer Rolle formen, an den Rand der Springform auf den vorgebackenen Boden drücken und hochziehen. Die Hälfte der Quarkmasse auf den Boden geben und glattstreichen. Die Hälfte der Pflaumenmusmasse vorsichtig darauf verteilen. Danach die Hälfte der restlichen Quarkmasse auf das Pflaumenmus geben. Die restliche Pflaumenmusmasse darauf verteilen und mit Quarkmasse abschließen. Den kalten Mohnstreusel darauf verteilen und den Kuchen bei 180 °C Oberhitze ca. 50–60 Minuten fertigbacken. Anschließend auskühlen lassen und mit Puderzucker bestäuben.

Preiselbeer-Schoko-Torte

KNETTEIG:

100 g Mehl
75 g Butter
50 g Zucker

2 EL Johannisbeer-Gelee

Mehl, Butter und Zucker miteinander verkneten, in Klarsichtfolie wickeln und im Kühlschrank 15 Minuten ruhen lassen. Anschließend ausrollen und den Boden einer 28-cm-Springform damit auslegen. Im Backofen bei 190 °C Umluft ca. 10–12 Minuten backen. Auskühlen lassen und mit Johannisbeer-Gelee bestreichen.

SCHOKOLADENBODEN:

6 Eiweiß
1 Prise Salz
6 EL lauwarmes Wasser
150 g Zucker
6 Eigelb
200 g Zartbitter-Schokolade
1 TL Butter

Eiweiß mit Salz und Wasser steif schlagen. Zucker einrieseln lassen und unterschlagen. Eigelb vorsichtig unterheben. Schokolade mit Butter im Wasserbad schmelzen, abkühlen lassen und unter die Ei-Masse heben. Den Teig in eine mit Backpapier ausgelegte 28-cm-Springform füllen und im Backofen auf mittlerer Schiene bei 140 °C Umluft ca. 20–30 Minuten backen. Anschließend auskühlen lassen.

FÜLLUNG:

400 ml Schlagsahne
2 Pck. Sahnesteif
2 TL Kakaopulver
2 EL Rum
1 Glas Preiselbeeren (450 g)
Borkenschokolade zum Verzieren

Sahne mit Sahnesteif steif schlagen. Kakao, Rum und Preiselbeeren unterheben. Den Schokoladenboden auf den mit Johannisbeer-Gelee bestrichenen Boden setzen und mit einem Tortenring umlegen. Die Füllung darauf verstreichen und die Torte kühl stellen. Vor dem Servieren nach Belieben mit Borkenschokolade, Sahne und Preiselbeeren verzieren.

Café Osterhof

In der Gemeinde Tellingstedt, auf dem Weg von Heide nach Rendsburg, befindet sich das Café Osterhof. Man kann es eigentlich nicht vorstellen, ohne auch die Firma „Laue Festgarderobe“ zu erwähnen, in die es eingebettet ist.
Die Bäuerin Gerda Laue hatte Anfang der 70er Jahre Rückenprobleme, konnte nicht mehr auf dem Hof mitarbeiten und fing an, gebrauchte Hochzeitskleider, die sie im Laufe der Jahre gesammelt hatte, zu verkaufen. Die Nachbarinnen neckten: „Nun hat sie den Blaumann gegen das vornehme weiße Kleid getauscht, wat schall dat?“ Man glaubte nicht an einen Erfolg. Dieser aber stellte sich ein: Die Kundschaft wuchs schnell. Bald musste Nachschub her, und Gerda Laue recherchierte: Wo kriege ich gute Brautkleider her? Es entstand die Firma „Laue Festgarderobe“, die immer weiter wuchs und heute die größte ihrer Art in ganz Deutschland ist. Glückliche Paare aus allen Ecken und Enden der Republik reisen an, um sich für den schönsten Tag des Lebens einkleiden zu lassen. Im Tross haben sie Freunde und Verwandte, und „die Mutter ist immer dabei“. Die Auswahl ist nahezu endlos, alle Größen, alle Materialien und alle erdenklichen Farben machen die Wahl nicht leicht.
Nach etlichen Anproben wird der Wunsch nach einer Pause und einer Tasse Kaffee laut. Aus diesem Ruf der Kundschaft ist vor Jahren im gleichen Hause das Café Osterhof entstanden. Das Angebot beinhaltet je nach Jahreszeit sage und schreibe bis zu 100 Torten nebst Kuchen, Keksen und Snacks, um die Gäste nach dem Einkauf und während der Pausen zu verwöhnen.
Aber auch für das normale Cafépublikum ist der Betrieb ein beliebtes Ausflugsziel. Über einen separaten Eingang betritt es das geräumige Café, das mit sehr viel Liebe und Geschmack eingerichtet ist und für etwa 95 Fans des süßen Genusses Platz

Im Café befinden sich auch kleine Ecken, die sich sehr gut für ein Kaffeekränzchen eignen.

In den Räumlichkeiten von „Laue Festgarderobe“ hängen über 1500 Brautkleider zur Auswahl.

In gemütlicher Atmosphäre kann man hier Kaffee und Kuchen genießen. Ein offener Kamin, Fachwerk und Eichenbalken an der Decke geben dem Raum einen ganz besonderen Charakter.

bietet. Ein Raucherzimmer mit 22 Plätzen ist sozusagen das Separee. Eine große Terrasse mit Wintergarten und ca. 50 Sitzplätzen schließt sich an. Hier kann man sich im Sommerhalbjahr wunderbar sonnen, die Seele baumeln lassen und einen herrlichen Blick auf die Dithmarscher Landschaft genießen. Auch Feiern werden hier ausgerichtet: Jubiläen, Geburtstage, Hochzeiten, Konfirmationen und vieles mehr in diesem schönen Ambiente bleiben den Gästen lange in Erinnerung.

Das Café Osterhof hat ganzjährig außer sonntags von 9:00–18:00 Uhr geöffnet und bietet eine stolze Auswahl selbst gebackener Torten, allen voran die Trümmertorten. Weitere Highlights sind die Rosen-Erdbeertorte, die Osterhofer Moortorte und die Schwedische Apfeltorte, die sich sehr empfiehlt, nachgebacken zu werden.

Ein Tagesausflug nach Tellingstedt zu „Laue Festgarderobe" und dem Café Osterhof ist einfach ein Erlebnis!

Von der großzügigen Terrasse hat man einen herrlichen Blick auf die Dithmarscher Landschaft.

Schwedische Apfeltorte

Schwedische Apfeltorte

Mohnbiskuit:

5 Eier
175 g Zucker
120 g Mehl
80 g Speisestärke
1 Pck. Backpulver
50 g Mohn

Eier trennen, Eiweiß und Zucker steif schlagen, Eigelb unterrühren. Mehl, Speisestärke und Mohn unterheben. Teig in eine mit Backpapier ausgelegte 30-cm-Springform füllen und im Backofen bei 200 °C 40 Minuten backen. Anschließend gut auskühlen lassen. Danach auf eine Tortenplatte setzen und einmal waagerecht durchschneiden. Einen Boden mit einem Tortenring umlegen.

Belag:

4 Eier
160 g Zucker
3 Tassen Apfelsaft
etwas Zitronensaft
80 g Vanille-Puddingpulver
7 Blatt Gelatine, weiß
6–8 Äpfel, geschält und geraspelt
Sahne
1 Apfel (in Spalten)

Alle Zutaten (Eier bis Puddingpulver) zusammen aufkochen. Eingeweichte, aufgelöste Gelatine unterrühren und die geraspelten Äpfel hineingeben. Den Belag auf dem Boden verteilen, in die Kühlung stellen und fest werden lassen. Anschließend mit Sahnetuffs und Apfelspalten garnieren.

Orangenkuchen

150 g Butter
150 g Puderzucker
2 Eier
abgeriebene Schale einer ½ Orange (unbehandelt)

1 Msp. Vanillemark
150 g Mehl
1 Pck. Backpulver
1 Orange
Butter zum Einfetten
Mehl zum Bestäuben

Butter rühren, bis sie schön cremig ist. Puderzucker nach und nach einrieseln lassen. Eier hinzufügen. Abgeriebene Orangenschale und Vanillemark unterrühren. Mehl und Backpulver darübersieben und untermischen. Orange filetieren. ⅓ des Teiges in eine gefettete, mit Mehl bestäubte Kastenform geben. Orangenfilets darauf verteilen und mit dem übrigen Teig bedecken. Im Backofen bei 180 °C ca. 60–70 Minuten backen.

Rosen-Erdbeer-Marzipan-Torte

BISKUIT:

6 Eier
175 g Zucker
120 g Mehl
80 g Speisestärke
1 Pck. Backpulver

Eier trennen. Eiweiß steif schlagen. Eigelb und Zucker cremig rühren. Eischnee, Mehl, Speisestärke und Backpulver unterheben und den Teig in eine mit Backpapier ausgelegte 30-cm-Springform geben. Im Backofen bei 200 °C 50 Minuten abbacken. Anschließend gut auskühlen lassen. Danach auf eine Tortenplatte setzen und waagerecht zweimal durchschneiden. Den unteren Boden mit einem Tortenring umlegen.

FÜLLUNG:

1 Glas Erdbeer-Rosen-Konfitüre
1 Becher Schmand
600 ml Schlagsahne, geschlagen
Zucker/Süßstoff nach Bedarf
150 g Erdbeeren

250 g Marzipan-Rohmasse

Den unteren Boden mit 2–3 EL Konfitüre bestreichen. Schmand glattrühren und mit der Sahne mischen. Nach Belieben mit Zucker oder Süßstoff abschmecken. Masse in drei Portionen teilen. ⅓ der Füllung auf dem unteren Boden verstreichen und den mittleren Boden darauflegen. Erdbeeren waschen, putzen, klein schneiden und mit 2–3 EL Konfitüre unter das zweite Drittel der Füllung heben. Anschließend auf dem mittleren Boden verteilen. Deckel auflegen und mit dem letzten Drittel der Füllung einstreichen. Marzipan-Rohmasse ausrollen und die ganze Torte damit bedecken. Nach Belieben mit ungespritzten, gezuckerten Rosenblättern verzieren.

Orangen-Marzipan-Kugeln

ZUTATEN FÜR 30 STÜCK

1 EL Zucker
1 EL Wasser
50 g Mandeln ohne Haut, gemahlen
abgeriebene Schale 1 Orange (unbehandelt)
400 g Marzipan-Rohmasse
3 TL Orangenlikör
50 g Pistazien, gehackt

Zucker mit Wasser verrühren und zu einem Zuckersirup aufkochen. Mandeln und Orangenschale vermischen und mit Marzipan und Likör verkneten. Die Masse zu einer Rolle von ca. 5 cm Durchmesser und 30 cm Länge formen. Daraus 30 Stücke schneiden und zu Kugeln drehen. Nacheinander erst in Zuckersirup, dann in Pistazien wälzen und auf einem mit Backpapier ausgelegten Backblech ca. eine Stunde an der Luft trocknen lassen.

Haselnuss-Vanille-Kipferl

MÜRBETEIG FÜR CA. 60 STÜCK

280 g Mehl
1 Eigelb
200 g kalte Butter
60 g Zucker
Mark einer ½ Vanilleschote
1 Prise Salz
100 g Haselnüsse, gemahlen

Mehl, Eigelb, Butter, Zucker, Vanillemark, Salz und Haselnüsse mit den Händen zu einem glatten Teig verkneten. Anschließend in Klarsichtfolie wickeln und mindestens eine Stunde im Kühlschrank ruhen lassen. Danach den Teig noch einmal gut durchkneten, daraus kleine Kugeln formen, mit einer Gabel leicht andrücken und auf ein mit Backpapier ausgelegtes Backblech legen. Im Backofen bei 170 °C ca. 12 Minuten backen.

500 g Puderzucker
50 g Zucker
Mark einer ½ halben Vanilleschote

Puderzucker, Zucker und Vanillemark vermischen und die Kipferl darin sofort nach dem Backen wälzen.

Zimt-Taler

ZUTATEN FÜR 30 STÜCK

150 g Butter
50 g Zucker
250 g Mehl
2 EL Zimt
2 EL Orangeat, fein gehackt

Butter und Zucker schaumig rühren. Mehl, Zimt und Orangeat hinzufügen und gut vermischen. Den Teig als kleine Häufchen, mit Hilfe zweier Teelöffel, auf ein mit Backpapier ausgelegtes Backblech geben und mit einer Kuchengabel leicht andrücken. Im Backofen bei 175 °C ca. 25 Minuten backen.

100 g Puderzucker
Orangenlikör

Puderzucker und Orangenlikör glattrühren und die noch warmen Taler spiralförmig damit überziehen.

Limettenomelett

ZUTATEN FÜR 2 BÖDEN:

8 Eier
200 g Puderzucker
2 EL Zitronensaft
2 EL Speisestärke

FÜLLUNG:

3–4 EL Zitronenkonfitüre
600 ml Schlagsahne (33 % Fett), geschlagen
Saft und Abrieb von 4 Limetten (unbehandelt)
2 EL Zucker

Eier trennen. Eiweiß steif schlagen. Eigelb mit Puderzucker und Zitronensaft cremig rühren. Eiweiß und Speisestärke unterheben. Teig auf zwei mit Backpapier ausgelegte 30-cm-Springformen verteilen und im Backofen bei 190 °C 20–30 Minuten backen. Anschließend gut auskühlen lassen. Danach einen Boden auf eine Tortenplatte setzen und mit einem Tortenring umlegen.

Den Boden mit Zitronenkonfitüre einstreichen. Sahne mit Limettensaft und etwas Abrieb vermischen und mit Zucker oder Süßstoff abschmecken.

Zwei Drittel der Sahne auf dem Boden verstreichen und das zweite Omelett auflegen. Mit dem Rest der Sahne bestreichen. 2 EL Zucker mit 2 EL Limettenabrieb vermischen, auf die Sahne streuen und nach Belieben verzieren.

TIPP:
Sehr gut lässt sich die Torte auch mit einem hellen Boden und einer Himbeer-Mascarpone-Füllung herstellen (s. S. 126).

Cappuccino-Birne-Baiser-Torte

SCHOKOBISKUIT:

7 Eier
240 g Zucker
1 Pck. Vanillezucker
80 g Mehl
60 g Speisestärke
60 g Kakaopulver
1 Pck. Backpulver

Eier trennen. Eiweiß steif schlagen. Eigelb, Zucker und Vanillezucker schaumig rühren. Eischnee, Mehl, Speisestärke, Kakaopulver und Backpulver mit einem Schneebesen unterheben. Teig in eine mit Backpapier ausgelegte 30-cm-Springform füllen und im Backofen bei 200 °C 40 Minuten backen. Anschließend gut auskühlen lassen. Danach auf eine Tortenplatte setzen und einmal waagerecht durchschneiden. Einen Boden mit einem Tortenring umlegen.

TRÜMMERDECKEL:

3 Eier
75 g Margarine
75 g Zucker
90 g Mehl
½ Pck. Backpulver
2 EL Wasser

Eier trennen. Eigelb, Margarine und Zucker schaumig schlagen. Mehl, Backpulver und Wasser hinzufügen und cremig rühren. Teig in eine mit Backpapier ausgelegte 30-cm-Springform streichen. Eiweiß mit Zucker sehr steif schlagen und auf dem Rührteig verteilen. Im Backofen bei 190 °C ca. 40 Minuten backen.

FÜLLUNG:

1 Dose Birnen (460 g Abtropfgewicht)
Apfelsaft
40 g Vanille-Puddingpulver
100 g Zucker
etwas Zitronensaft

Birnen abgießen, Saft auffangen und mit Apfelsaft zu einem halben Liter auffüllen. Anschließend mit Puddingpulver, Zucker und etwas Zitronensaft aufkochen. Birnen in kleine Würfel schneiden, zur Puddingmasse geben, auf dem Tortenboden verteilen und erkalten lassen.

CAPPUCCINO-SAHNE:

1 EL Instant-Kaffee
600 ml Schlagsahne (33 % Fett), geschlagen
einige Spritzer Süßstoff
Puderzucker zum Bestäuben

Instant-Kaffee in etwas heißem Wasser auflösen, der geschlagenen Sahne beigeben und abschmecken. Anschließend auf der erkalteten Birnen-Füllung verstreichen. Trümmerdeckel auflegen und mit Puderzucker bestäuben.

Osterhofer Moortorte

BISKUIT:

150 g weiche Margarine
3 Eier
150 g Zucker
1 Pck. Vanillezucker
200 g Mehl
1 Pck. Backpulver
3 EL Nuss-Nougat-Creme

Margarine, Eier, Zucker und Vanillezucker schaumig schlagen. Mehl, Backpulver und Nuss-Nougat-Creme unterrühren. Teig in eine mit Backpapier ausgelegte 30-cm-Springform füllen und bei 180 °C 40 Minuten backen. Auskühlen lassen. Danach auf eine Tortenplatte setzen und mit einem Tortenring umlegen.

FÜLLUNG:

100 g dunkle Kuvertüre
100 ml Schlagsahne (33 % Fett)
4 Bananen
400 g Frischkäse
50 ml Zitronensaft
180 g Zucker
2 cl Bananensirup
8 Blatt Gelatine, weiß
500 ml Schlagsahne (33 % Fett), geschlagen

Kuvertüre in 100 ml Sahne schmelzen und kalt stellen. 2 Bananen halbieren, den Boden damit belegen und mit der Hälfte der Schokoladensahne bestreichen. Frischkäse, Zitronensaft, Zucker und Bananensirup glatt rühren. Eingeweichte und aufgelöste Gelatine unterrühren. Anschließend die geschlagene Sahne unterheben. Die restlichen 2 Bananen in kleine Stücke schneiden und zur Masse geben. Anschließend auf der Schokoladensahne verteilen. Über Nacht im Kühlschrank fest werden lassen. Torte aus dem Ring lösen, mit Sahne einstreichen und dem Rest der Schokoladensahne und Kuvertürestreifen verzieren.

Mandel-Zitronen-Torte

Biskuit:

8 Eier
200 g Zucker
200 g Mandeln, gemahlen
3 EL Mehl
1 Pck. Backpulver
Zitronenkonfitüre zum Bestreichen

Eier trennen. Eiweiß steif schlagen. Eigelb und Zucker cremig rühren. Mandeln, Mehl und Backpulver unterheben. Teig in eine mit Backpapier ausgelegte 30-cm-Springform füllen und im Backofen bei 200 °C ca. 40 Minuten backen. Anschließend gut auskühlen lassen. Danach auf eine Tortenplatte setzen und waagerecht zweimal durchschneiden. Um den unteren Boden einen Tortenring legen und mit Zitronenkonfitüre bestreichen.

Füllung:

4 Eigelb
10 EL Zucker
100 ml Wasser
125 g Butter
50 g Vanille-Puddingpulver
100 ml Zitronensaft
1 Tüte Zitronenzucker

600 ml Schlagsahne (33 % Fett), geschlagen

Alle Zutaten (Eigelb bis Zitronenzucker) unter Rühren aufkochen, auskühlen lassen und 600 ml geschlagene Sahne unterheben.
⅓ der Zitronencreme auf dem unteren Boden verstreichen. Beim mittleren Boden wiederholen und daraufsetzen. Den Deckel darauflegen, mit der restlichen Zitronencreme bestreichen und nach Belieben verzieren.

Eierlikör-Torte

BISKUIT:

4 Eier
140 g Zucker
80 g Mehl
1 Pck. Backpulver
50 g Zartbitter-Schokolade, gehackt
150 g Haselnüsse, gemahlen

Eier und Zucker schaumig schlagen. Mehl, Backpulver, Schokolade und Haselnüsse unterheben. Teig in eine mit Backpapier ausgelegte 30-cm-Springform geben und im Backofen bei 175 °C ca. 30 Minuten backen. Anschließend auskühlen lassen. Danach auf eine Tortenplatte setzen und mit einem Tortenring umlegen.

FÜLLUNG:

1 kleines Glas Preiselbeeren

Den Boden mit Preiselbeeren bestreichen.

BELAG:

375 ml Milch
75 g Zucker
40 g Vanille-Puddingpulver
7 Blatt Gelatine, weiß
250 ml Eierlikör
350 ml Schlagsahne (33 % Fett), geschlagen

Milch, Zucker und Puddingpulver aufkochen und die vorher eingeweichte, ausgedrückte Gelatine unterrühren. Sobald die Masse anfängt zu gelieren, den Eierlikör und die geschlagene Sahne unterheben. Sofort auf den mit Preiselbeeren bestrichenen Boden geben und gut durchkühlen lassen. Nach Belieben garnieren.

Alte Schlossgärtnerei

Gärtnerei, Café und Kunsthandwerk
Dorit Dahmke
Schlossgebiet 9a
24306 Plön
Tel.: 04522-789818
www.alteschlossgaertnerei.de
Öffnungszeiten:
1. Apr.–31. Okt.
Gärtnerei: Do.–So. 12:00–18:00 Uhr
Café: Do.–So. 12:00–18:00 Uhr
24 Innenplätze, 50 Außenplätze
Zuzüglich ist es möglich, sich mit einem Tablett mit Kaffee und Kuchen im Garten ein lauschiges Plätzchen zu suchen.
Festlichkeiten bis zu 20 Personen mit Voranmeldung, auch Gruppen sollten sich vorher anmelden.
Kleine Läden laden zum Stöbern ein, und auf dem Rundweg kann der Besucher das 9000 m² große, abwechslungsreiche Gelände erkunden.

Dat lütte Café

Sabine Gerbinski
Krenzerstr. 1
25712 Burg/Dithmarschen
Tel.: 04825-923938
E-Mail: s.gerbinski@web.de
www.dat-luette-cafe.de
Öffnungszeiten: täglich 14:00–18:00 Uhr,
Dienstag Ruhetag
25 Innenplätze, 26 Außenplätze
In der Sommersaison verlängern wir die Öffnungszeiten.
Nach einem langen Spaziergang am Nord-Ostsee-Kanal oder in der schönen Umgebung finden Sie mitten in Burg, versteckt hinter hohen alten Bäumen, unser kleines Café mit einem urigen Cafégarten. Liebevoll eingerichtete Räume laden ein, die hausgemachten Torten und Kuchen zu genießen.
Wir veranstalten in loser Reihenfolge Konzerte, Lesungen und Ausstellungen. Im Sommer finden bei uns Hoffeste statt. Im Innenhof finden Sie das kleine Dessous- und Wäscheläddchen „SATUNA". Als Miederfachberaterin hilft Ihnen Frau Gerbinski gerne weiter.

Dorfcafé

Kirsten Krause
Badallee 13
25826 St. Peter-Ording
Tel.: 04863-3021
Öffnungszeiten:
ganzjährig Mi.–Mo. 13:00–18:00 Uhr,
Dienstag Ruhetag
alle Feiertage geöffnet
35 Innenplätze, 40 Außenplätze
Kein Verkauf außer Haus

Gartencafé Süderdeich

Frauke Köster
Hauptstr. 34–36
25764 Süderdeich
Tel.: 04833-425999
E-Mail: frauke@gartencafe.info
www.gartencafe.info
Öffnungszeiten:
ganzjährig
Jun.–Sept. täglich 13:00–18:00 Uhr
Okt.–Mai. Do.–Mo. 13:00–18:00 Uhr
Di. u. Mi. Ruhetag
Oster- u. Herbstferien durchgehend geöffnet
1. u. 2. Weihnachtstag u. Neujahr geöffnet
Termine für Kaffeetafeln nach Absprache

Hoyerswort

Alfred Jordy
Kotzenbüller Chaussee 2
25870 Oldenswort
Tel.: 04864-2039838
Mobil: 0151-20469177
www.hoyerswort.de
Öffnungszeiten:
ganzjährig Di.–So. 11:00–18:00 Uhr,
Montag Ruhetag
Café, Museum, Keramik, Ferienwohnungen
Gesellschaften und Führungen nach Vereinbarung

Café Langes Mühle

Manuela Fritz
Heidgrabener Str. (Museumsgelände)
25436 Uetersen
Tel.: 04122-900567
www.cafe-langes-muehle.de
Öffnungszeiten:
ganzjährig täglich von 14:00–18:00 Uhr,
Di. u. Do. kreative Pause
Standesamtliche Trauungen nach Vereinbarung
25 Innenplätze, 25 Außenplätze

Gut Ludwigsburg

Familie Carl
24369 Waabs
Gutsverwaltung:
Tel.: 04358-98818
Fax: 04358-98820
Mobil: 0177-7471417
E-Mail: carl@gut-ludwigsburg.de
www.gut-ludwigsburg.de
Hofcafé: 04358-989833
Öffnungszeiten:
Jan. und Febr. geschlossen
in der Saison 9:00–18:00 Uhr
Di. Ruhetag
ca. 40 Innenplätze, 30 Außenplätze

Sie können auch gerne ab 9:00 Uhr bei uns frühstücken (um Reservierung wird gebeten). Sonntags haben Sie die Möglichkeit, von 10:30–14:00 Uhr bei uns zu brunchen (Reservierung notwendig).
Außerdem können Sie das Hofcafé sowie auch unsere anderen Räume im Schloss für Feierlichkeiten mieten und gutseigene Spezialitäten aus dem Hofladen genießen. Informieren Sie sich gerne über unsere Schlossereignisse (wie Konzerte). Zudem bieten wir eine umfangreiche Pferdezucht sowie den täglichen Reitbetrieb und Reiterferien für Groß und Klein.
Erholen Sie sich an der Ostsee und planen Ihren Urlaub bei uns – wir stellen Appartements für 2–6 Personen (ab € 60,–/Tag).

Café Osterhof

Rendsburger Str. 51
25782 Tellingstedt
Tel.: 04838-7055985
Mobil: 0170-3023752
Öffnungszeiten:
ganzjährig Mo.–Fr. 9:00–18:00 Uhr,
Sa. 9:00–17:00 Uhr, So. Ruhetag
95 Innenplätze, 50 Außenplätze, 22 Plätze im Raucherzimmer
Das Café hat einen separaten Eingang, ist aber auch direkt vom Parkplatz über eine schmiedeeiserne Treppe zu erreichen.
Lassen Sie sich nach einem erfolgreichen Einkauf im Bekleidungshaus „Laue Festgarderobe“ hier im Café mit selbstgebackenen Kuchen und Torten verwöhnen. Außerdem bieten wir warme Hauptgerichte sowie kleine Snacks und frische Salate an. Man kann hier nach Absprache auch alle Arten von Festlichkeiten feiern wie Taufe, Konfirmation, einen runden Geburtstag oder Weihnachtsfeiern im kleinen Kreis bis zu 30 Personen.

Rosenhof Kruse

Evelyn Kruse
Jägerstr. 35
25436 Heidgraben
Tel.: 04122-715101
Fax: 04122-715108
www.rosenhof-kruse.de
Öffnungszeiten:
ganzjährig Di.–So. 14:00–18:00 Uhr,
Montag Ruhetag
24. Dez. bis Anfang Januar geschlossen
Gesellschaften nach Vereinbarung
58 Innenplätze, 60 Außenplätze
Hausgebackener Kuchen, Nichtraucher-Café, Hofladen, exklusive Geschenkartikel u. Damen-accessoires, Rosengarten mit historischen Rosen, Schafhaltung, Wintergarten.
In der Nähe: Rosarium Uetersen, Arboretum Ellerhop

Rißler-Hof

Café & Bleibe
Dörte Rißler-Gülck
Im Ort 16
25488 Holm
Tel.: 04103-7019977
www.rissler-hof.de
E-Mail: info@rissler-hof.de
Öffnungszeiten:
ganzjährig Do.–So. 14:00–18:00 Uhr
24. Dez. bis Mitte Jan. geschlossen
Gesellschaften nach Vereinbarung
70 Innenplätze, 40 Außenplätze
Hausgebackener Kuchen
Jeden 2. u. 4. Sonntag im Monat
Landfrühstücken von 10:00–13:00 Uhr
Reservierung erbeten
Bleibe: 2 Doppelzimmer, 3 Einzelzimmer
€ 35,–/Nacht/Person
In der Nähe: Elbmarschregion Obstanbaugebiet

Café Schleusen-Garten

Dirk Engelhardt, Angelika Balleng
Rathmannsdorfer Schleuse
24161 Altenholz/Felm
Tel.: 0431-3645393
www.schleusen-garten.de
info@schleusen-garten.de
Öffnungszeiten:
ganzjährig Mi.–Fr. ab 15:00 Uhr,
Sa. u. So. ab 12:00 Uhr, Mo. u. Di. Ruhetag
Für Ihre Feier, bis zu 40 Personen innen und 60 Personen außen, auf der halb überdachten Außenterrasse bieten wir kalt-warme Buffets oder Menüs nach Ihren Wünschen an. Der große Garten direkt an der historischen Schleuse am Alten Eiderkanal lädt zum Verweilen ein. Ein angrenzender Wanderweg führt Sie durch die bezaubernde Umgebung.

DIE AUTORIN

Marion Kiesewetter, Schauspielerin und TV-Moderatorin, in Hamburg geboren, wurde als Köchin durch die TV-Sendungen „Bi uns to Hus“, N 3, „Sonntagskonzert“ und Johannes B. Kerners Kochsendung im ZDF bekannt. Ihre ebenfalls im Boyens Buchverlag erschienenen Kochbücher „Fürstliche Menüs – Schleswig-Holstein“, „Fürstliche Menüs – Niedersachsen“, „Fürstliche Menüs – Mecklenburg-Vorpommern“, „Obst aus norddeutschen Gärten“, „Salatexpress“, „Aufgefischt I + II“, „Das isst der Norden“, „Auf Krabbenfang“ und „Kohl!“ entstammen der norddeutschen Region mit ihren erstklassigen kulinarischen Angeboten. Besonders beliebt sind die Café-Bücher der Autorin. Bereits erschienen: „Eine Sünde wert …“ (1), „Kann denn Süßes Sünde sein?“ (2) und „Nur Süßes im Sinn“ (3).

DIE FOTOGRAFEN

Ursula Sonnenberg und ihr Mann Hans Dieter Kellner durchliefen beide eine Ausbildung zu Fotografen, sie mit einer Lehre, er auf der bekannten Münchner Akademie für Fotografie. Seit dreißig Jahren arbeiten sie im gemeinsamen Hamburger Studio an getrennten Aufgaben – sie mit „food“ für Werbung und Verlage, er kreativ und technisch für die Industrie.

Register